죄에 좌절한 이 시대 청년들에게

죄에 좌절한
이 시대
청년들에게

추천사

유기성 목사 (선한목자교회)

장산하 목사님이 정말 도전적인 책을 쓰셨습니다. 은밀한 죄로 괴로워하는 그리스도인들이 많습니다. 문제는 성욕이 너무 강한 것이 아닙니다. 절제력이 없는 것도 아닙니다. 주님과 인격적이고 친밀한 관계가 형성되지 않는 것이 문제입니다. 주변 사람들이 모르게 은밀히 죄를 짓는다는 것은 사람들이 보는 데서는 그런 일을 못 한다는 말입니다. 은밀한 죄에서 벗어나려면 은밀한 삶이 없어야 하는데, 오직 하나, 주님을 바라보는 눈이 뜨일 때입니다.

이 책은 저자 자신이 은밀한 죄와의 싸움을 싸우면서 실패와 좌절을 겪다가 진정한 복음을 바로 깨닫고 죄에서 승리한 보고서입니다. 그것을 청년들의 눈높이에 맞추어 너무나 탁월하게 정리하였습니다.

또한 실제 죄에서 승리하도록 자상하게 안내하고 있습니다. 이것이 주님이 죄의 종노릇 하던 우리를 하나님의 자녀, 빛의 자녀로 살게 하시는 방법입니다.

하나님에게는 우리가 음란의 죄에서 돌이키도록 할 수 있는 간단한 방법이 있습니다. 집에 포탄이 떨어지고 옆 사람이 죽어 나가고 식량도 구하기 어려워 울며불며 돌아다니게 되면 은밀한 죄는 끝납니다. 전쟁이 아니라도 의사 앞에서 "암입니다." 한마디만 들어도 세상 재미가 유혹이 되지 않을 것입니다. 눈물로 회개하며 죄짓는 생활에서 떠날 것입니다. 그러나 하나님은 결코 이런 방식으로 우리를 다루기를 원치 않으십니다.

하나님이 원하시는 방법은 주 예수님이 우리 안에 거하심을 아는 눈을 열어주는 것입니다. 요셉은 진정 주님을 바라보며 음란을 이긴 사람입니다.

'세상을 이긴다.' 그 대표적인 싸움이 음란과의 싸움입니다. 그래서 24시간 주님을 바라보자는 것입니다. 예수동행운동이 음란과의 전쟁입니다. 아무리 이기기 어려운 습관적인 죄라도 이길 수 있는 간단한 방법이 있습니다. 가족이나 교인들에게 자신의 은밀한 죄를 고백하고 만날 때마다 확인해 달라고 요청하는 것입니다. 그러나 창피해서 그 말을 못 할 뿐입니다. 그러나 정말 죽을 것 같으면 그렇게 합니다. 몸에 암이 생겼는데 진찰을 받거나 기도를 받는 것이 부끄럽다는 사람은 없습니다.

은밀한 죄는 암보다 더 심각한 문제입니다. 우리나라는 남자들이 너무나 죄짓기 쉬운 환경입니다. 그러나 고백공동체가 있으면 이기게 됩니다. [예수동행일기 나눔방]이 그래서 너무나 중요한 것입니다. 사람만 의식할 수 있어도 죄를 이길 수 있다면 주님이 마음에 임하셨음을 정말 믿게 되면 어떻게 죄의 종노릇하며 살 수 있겠습니까?

죄와의 싸움에서 승리하기를 원하는 이들은 꼭 이 책을 읽어 보기 바랍니다. 저자는 이 책에서 청년들에게 초점을 맞추어 썼지만 모든 그리스도인에게 필요한 책입니다. 이 책은 읽는 이들에게 죄를 이길 수 있다는 믿음과 주님과 동행하고자 하는 갈망을 갖게 될 것입니다.

물론 주님과 동행하는 삶을 중단하지 않고 지속하는 것이 중요합니다. 주님과 친밀히 교제하면 정말 깨끗하게 살고 싶어집니다. 작은 죄가 너무나 고통스럽습니다. 이것이 참 경건입니다. 주님은 저와 여러분을 이렇게 만들어주시겠다고 약속하셨습니다. 이 약속을 붙잡길 바랍니다, 그 말씀이 성취된 사람이 되기를 축복합니다.

박근수 목사 (의정부비전교회)

저는 사람의 말의 힘은 삶에서 나온다고 믿습니다. 삶을 통해 실험해 보고 실패와 성공을 반복한 후에 충분히 검증한 말은 힘이 있고 사람을 변화시키는 능력이 있다고 믿습니다. 그런 의미에서 이 책은 저자의 처절한 삶의 실험을 통해 그 결과를 말하고 있는 것이기에 우리 모두를 변화시키는 능력이 있다고 확신합니다. 제가 지켜본 저자는 죄로부터의 깊은 좌절을 경험하고 그 죄를 이기기 위해서 수많은 시간을, 24시간 하나님과 동행하며 죄와 싸워왔습니다. 그리고 그 경험을 바탕으로 누구나 쉽게 죄로부터의 좌절을 극복하고 승리할 수 있도록 그 길을 안내해 주고 있습니다.

확신하건대 이 책은 우리 모두를 더 이상 죄로부터의 좌절이 아니라 죄로부터 온전한 승리를 가져다주는 길로 우리를 이끌 것입니다. 이에 기쁜 마음으로 이 책을 추천합니다.

송준기 목사 (Way Church)

저는 매일 사람들을 만나고 영적으로 돌봐야 합니다. 그런데 문제없는 사람은 없었습니다. 그리고 다양한 문제의 근원에는 반드시 죄의 문제가 숨어있었습니다. 어떤 문제든 그 뿌리인 죄의 문제를 다루지 않는다면 언 발의 오줌누기가 될 뿐입니다. 결국 핵심을 다뤄야 승리할 수 있습니다. 저는 장산하 목사님의 책을 읽으며 한 문장이 떠올랐습니다. "Touch the core."(핵심을 찌르다) 그는 목양 현장의 다양한 문제들을 일일이 다룬다거나, MZ세대의 장단점을 분석하지도 않습니다. 그야말로 핵심을 건드립니다. 죄와 구원을 다루고, 복음과 은혜의 삶을 직언합니다. 그래서 저는 도전과 은혜를 받았습니다.

김관성 목사 (낮은담교회)

　율법과 복음에 대한 치열한 고민과 성찰이 엿보이는 책입니다. 죄의 문제를 다루는 저자의 시선이 놀랍습니다. 특별히 이 시대 교회와 신앙의 진입장벽을 경험하는 청년들의 시선을 빠짐없이 담아내고 있습니다.

　저자가 청년들에게 공감하고 함께 아파할 수 있는 것은 동시대 청년의 마음을 품었기 때문에 가능한 일입니다. 문제의 본질은 죄의 습관을 고치는 또 다른 습관이 아니라, 결국 예수 그리스도의 복음에 있음을 청년들이 잘 이해할 수 있도록 전달합니다. 무엇보다 저자는 자신이 영향받은 스승들에 대해 언급하며 동시대의 청년들도 얼마든지 좋은 스승을 두고 좋은 신앙을 소유할 수 있다는 기대감을 선사합니다.

　교회 생활이 시원치 않고, 수많은 질문과 회의에 빠진 청년들에게, 그리고 또 그러한 청년들을 목양하는 사역자들에게 이 책을 주저 없이 추천합니다.

김덕중 교수 (에스라성경대학원대학교 구약학)

젊은 시절의 신앙생활은 마치 롤러코스터를 타는 것 같습니다. 한참 상승곡선을 그리다가 이내 곤두박질치기도 합니다. 이것을 반복하다 보면 신앙적 회의에 빠지고 좌절감을 느끼게 됩니다. 구원의 경험이 삶의 변화로 이어지지 않고 죄에 걸려 넘어지는 자신을 보며 나는 왜 진정한 그리스도인으로 살아가지 못하는가를 고민하게 됩니다.

이 책은 이 시대 젊은 그리스도인들이 어떻게 죄의 문제를 극복하여 승리하는 신자로 살아갈 수 있을까에 대한 답변을 제시합니다. 청년들을 가르치려 하기보다 함께 생각하며 답을 찾아가는 방식으로 구성되어 있습니다. 저자인 장산하 목사는 젊은 시절 자기 경험과 교회에서 다년간 청년들을 지도한 경험을 바탕으로 이 문제와 씨름하는 그리스도인 청년들에게 따뜻한 조언을 아끼지 않습니다. 그래서 이 시대 신앙적인 좌절을 경험하며 자칫 패배주의에 빠지기 쉬운 젊은 그리스도인들이 다시 십자가의 복음 앞에 서게 하고 그리스도와 동행하는 삶으로 초대하고 있다고 생각합니다.

프롤로그

저는 20살에 교회를 처음 가게 되고, 수련회를 통해 예수님을 뜨겁게 만났습니다. 그리고 완전히 새로운 삶을 살게 됐습니다. 그런데도 끊임없는 고통과 괴로움이 있었는데 그것은 바로 습관적인 죄와 관련된 문제였습니다. 예수님을 믿었지만, 반복적으로 음란한 죄에 넘어졌습니다.

죄를 짓는 순간은 달콤했지만, 죄를 지은 이후 생긴 죄책감은 저를 더 큰 고통으로 괴롭혔습니다. 내가 이정도 밖에 안되는 사람인가? 하나님의 마음은 얼마나 고통스러우실까? 이런 생각이 저를 바닥으로 내밀어갔습니다. 또한 거룩한 성령께서 제 마음속에 계시기 때문에 제가 죄에 넘어질 때마다 성령께서도 탄식하시고 근심하시는 것이 느껴져 가슴이 몹시 아팠습니다(롬 8:26).

게다가 성경을 읽을수록 하나님께서 죄를 싫어하신다는 사실은 분명했습니다. 죄가 있을 때 우리는 하나님과 함께할 수 없다는 것은 누구나 아는 사실일 것입니다. 그런데도 우리는 매번 죄로 인해 좌절하는 현실을 살아갑니다. 저는 '죄'의 문제를 해결하기 위해, 마치 『천로역정』의 주인공처럼 진리를 찾고자 했습니다. 그리고 제가 풀고 싶었던 질문은 단 한 가지로 압축되었습니다.

"어떻게 습관적인 죄에서 승리할 수 있을까?"

죄로 인한 죄책감, 그리고 하나님과 단절되는 것에 대한 두려움과 안타까움에서 비롯된 물음이었지만 이 질문을 시작함으로 저는 하나님과 더 친밀함을 경험하게 되었고 죄를 멀리하고 미워하는 일은 하나님을 기쁘시게 해 드리는 일임을 확신하게 되었습니다.

그래서 저는 『죄에 좌절한 이 시대 청년들에게』라는 책을 쓰면서 두 가지에 초점을 맞추고자 합니다.

첫째는 죄에 좌절한 이 시대 청년들의 아픔에 '공감'하고 싶습니다. 죄에 좌절한 이 시대의 청년은 다른 사람이 아닌 바로 제 자신으로부터 시작되며, 저와 같은 청년들을 위한 글을 쓰고 싶었습니다.

죄로부터의 자유, 은혜, 회복을 경험한 이후로 저는 청년들을 생각할 때마다 눈물이 납니다. 죄에 대해 좌절하고 또 넘어지고 싶지 않지만 더 큰 좌절을 경험하고 고통스러워하는 그들이 느껴집니다. 또한 하나님 아버지의 마음도 느껴집니다. 하나님은 습관적인 죄로 고통스러워하는 이들이 승리하기를 원하십니다.

둘째는 믿음의 여행을 시작하는 분들과 '함께' 동행하고 싶습니다. 사람은 누구나 길잡이가 필요합니다. 제가 습관적인 죄에서 탈출할 수 있었기에 다른 사람에게도 길잡이가 되어 줄 수 있다고 생각합니다. 한 번, 두 번, 세 번 가면 익숙하게 길을 찾을 수 있습니다.

죄의 문제도 마찬가지입니다. 죄가 주는 슬픔과 아픔, 고통과 어려움에 빠진 이 시대의 청년들에게 복음의 밝은 빛으로 인도해드리고 싶습니다. 친히 성령께서 여러분의 삶에 역사하시면 죄에서 자유할 수 있습니다.

이 책이 나올 때까지 저에게 많은 영향을 주신 분들이 계십니다. '복음'에 대해서는 팀 켈러(Timothy Keller) 목사님께, '복음의 누림'에 대해서는 선한목자교회를 담임하시는 유기성 목사님께 많은 영향을 받았음을 밝히고 싶습니다. 복음이 무엇인지 명확하지 않을 때 팀 켈러 목사님을 통해 율법주의에서 벗어날 수 있었고 보다 분명한 메시지를 배울 수 있었습니다.

또한 유기성 목사님은 임마누엘 되시는 하나님이 지식에 머물지 않고 삶에 실재가 되도록 도와주신 분입니다. 삶에서 예수님을 생각하고, 바라보는 훈련이 가능하도록 도와주셨습니다.

이 책은 양면의 동전과 같은 큰 주제를 2가지 갖고 있습니다. PART 1은 '복음'에 대해서, PART 2와 3은 '복음의 누림' 곧 죄로부터 승리하는 삶에 대해서 다뤘습니다. 이 책을 통해 '나도 죄에서 승리할 수 있구나!'라고 확신을 얻게 될 뿐 아니라 삶에서 예수님과 동행하는 기쁨이 여러분의 삶에 넘치기를 소망합니다.

위드처치(With Church)
장산하 목사

- 차례 -

추천사 / 4

유기성목사 (선한목자교회) 박근수 목사(의정부비전교회)
김관성 목사(낮은담교회)   송준기 목사(Way Church)
김덕중 교수(에스라성경대학원대학교 구약학)

프롤로그 / 10

PART 1 예수님이 필요합니다 / 17

1. 죄에 좌절한 이 시대 청년들에게 / 18

2. 나는 타락한 사람입니다 / 21

3. 나는 율법주의자입니다 / 34

4. 그래서 내게는 예수님이 필요합니다 / 44

PART 2 어떻게 습관적인 죄에서 승리할 수 있을까?/ 55

5. 죄에서 승리할 수 있을까? / 56

6. 죄에서 승리하는 열쇠 / 63

7. 그러나 여전히 죄에 넘어지다 / 69

8. 주 예수와 동행하니/ 77

9. 죄에서 승리하다! / 86

PART 3 내가 죄짓지 않게 해줄게!/ 95

10. 주님 실패했어요 / 96

11. 어떻게 해야 예수님과 생생하게 동행할 수 있을까? / 104

12. 죄에서 승리하는 도구 / 117

13. 믿음의 여행을 마치며 / 132

PART 4 예수동행일기 실천편 / 141

1. 아내의 예수동행일기 / 143

2. 예수동행일기 10일 도전하기 / 155

3. 예수님과 동행을 돕는 성경구절 / 166

  1) 죄로부터 승리를 원할 때 암송하면 좋은 말씀 / 166

  2) 일상에서 예수님과 동행을 누리기를 원할 때

   힘이 되는 말씀 / 168

  3) 죄에 넘어졌을 때 회복을 위한 말씀 / 170

  4) 예수님과 동행하기를 원할 때 기억해야 할 말씀과 기도 / 173

PART 1

예수님이 필요합니다

1. 죄에 좌절한 이 시대 청년들에게

데이비드 허친스의 『네안데르탈인의 그림자』(Shadows of the Neanderthal)라는 책에는 이런 이야기가 나옵니다. 동굴에 원시인들이 사는데 모두 동굴밖에는 커다란 괴물이 있으니 절대로 나가지 말라는 말을 들으며 자랍니다. 그래서 원시인들의 동굴 생활은 아주 따분하고, 어둡고, 재미없었습니다. 그들은 동굴 밖으로 나갈 생각을 하지 못하고 다만 동굴 밖에서 비친 '그림자'를 보며 괴물을 상상합니다.

그러던 어느 날, 동굴에 살고 있는 '부기'라는 친구가 하지 말아야 할 질문을 하기 시작합니다. "동굴 밖에는 정말 괴물이 있을까? 궁금하다."

원시인들이 말렸지만, 부기는 결국 동굴 밖으로 뛰쳐나갑니다. 그리고 부기는 그림자로만 알고 있던 이 세상의 실재를 보게 됩니다. 자신이 상상했던 것보다 바깥세상은 훨씬 더 아름답고 컸습니다. 게다가 놀랍도록 다양한 생명체들과 동굴 밖에서 살고 있는 사람도 만나게 되었습니다. 그리고 이 책의 끝부분은 부기가 다시 자신의 동굴로 돌아가는 것으로 끝납니다.

부기는 동굴 안으로 발을 옮기며 이렇게 결심합니다. "만약 아무도 배우려 하지 않는다면, 배우려고 하는 다른 사람을 찾아가는 거야. 그래 이 세상에는 많은 사람이 있어. 이 많은 사람에게 내가 본 것을 알려줄 거야."

저는 이 책을 읽으면서 제 삶에도 부기와 같은 때가 있었음을 떠올려 보았습니다.

첫째는 죄에 좌절한 '이 시대'의 청년이 바로 저였습니다. 저의 신앙생활은 마치 동굴 속이 전부라고 착각하는 원시인과 같았습니다. 저는 교회 안에서 자랐고 신앙생활을 계속하고 있었지만 늘 반복하는 죄에 넘어져 아파하고 있었습니다. 그리고 빛이신 주님을 실제로 경험하기보다 주님의 그림자를 보며 신앙 생활했던 때가 있었습니다. 그러던 어느 날, 부기처럼 믿음의 여행을 떠나고 싶어졌습니다. '과연 습관적인 죄에서 정말 승리할 수 있을까?' 이런 질문을 가지고 말입니다.

둘째는 30대 중반에 위드처치(With Church)를 개척하면서부터였습니다. 저는 항상 "하나님께서는 '나'를 향해 어떤 꿈을 가지고 계실까?"라는 질문을 했습니다. 그런데 같은 질문이지만 여기에서 '나'를 빼고 보니 '하나님의 꿈'이라는 명사가 강조되어 눈에 들어오기 시작했습니다.

하나님의 꿈은 한 영혼이 예수님을 만나 지옥에서 천국의 삶으로 바뀌는 것입니다. 예수를 믿는 성도들이 원시인들처럼 평생 동굴 속에 사는 것이 아니라, 하나님 나라에 대한 믿음의 눈이 열려 부기처럼 세상 밖으로 나와서 '실재'를 바라보며 살아가는 것입니다.

마지막으로 『죄에 좌절한 이 시대 청년들에게』라는 책을 쓰면서 다시 동굴로 들어가는 도전을 하고 있습니다. 이 책을 통해서 저와 같이 죄로 인해 아파하고 힘들어하는 영혼이 그림자가 아닌 실재이신 주님을 통해 승리하는 삶을 살게 된다면 얼마나 좋을까요? 한 영혼이라도 죄에서 벗어나 승리를 주시는 예수님과 동행하는 삶을 산다면 진실로 행복할 것입니다. 이제 여러분의 차례입니다. 여러분은 어느 단계에 머물고 계시나요?

2. 나는 타락한 사람입니다

예수님을 만나기 전, 제 삶은 타락한 삶이었습니다. 물론 그때에도 예수님을 믿는다고 했지만 방탕하게 살았고, 그러면서도 죄에 대해 찔림이나 죄책감을 찾아볼 수 없었습니다.

저는 술에 취해있었고, 음란했고, 불법을 저지른 적도 있었습니다. 그러나 이것이 죄라고는 생각하지 않았습니다. 교회에 나갔고 주일성수를 했으니깐 그 정도면 된다고 생각했습니다. 그때까지도 제 마음에는 거룩한 성령님이 계시지 않았습니다.

그러다 스무 살에 주님을 인격적으로 만나게 되었습니다. 저는 예수님을 나의 구주로 영접하고 변화된 삶을 살고 있다고 생각했습니다. 하지만 제 삶은 마치 요한복음 8장에 나오는 '간음한 여인' 처럼 여전히 타락한 모습을 버리지 못했습니다. 오히려 "나는 하나님께 용납받았어. 그러니 마음껏 죄를 지으며 살아도 괜찮아!"라는 생각이 들었습니다. 하지만 성경은 그러한 삶이 결코 옳은 것이 아니라고 말합니다.

주님께서는 "나더러 주여 주여 하는 자마다 다 천국에 들어갈 것이 아니요"(마 7:21a)라고 말씀하셨습니다. 쉽게 말해, 교회 다닌다고 다 천국에 들어가는 것이 아니라는 겁니다. 목사, 장로, 권사, 집사라고, 봉사를 많이 했다고 다 천국에 들어가는 것이 아니라는 경고의 말씀입니다. 간단히 '아~ 그렇구나'하고 넘길 수 없는 말씀입니다.

생각해보십시오. 만약 제가 죽어서 하나님의 심판대 앞에 섰는데 주님께서 저를 향해 "나는 너를 도무지 알지 못한다. 내게서 떠나가라!"(마 7:23)라고 말씀하신다면 그때는 후회해도 이미 늦은 것입니다.

한 목사님이 꿈을 꾼 이야기를 들려주셨습니다. 꿈에서 흰색 옷을 입은 사람들이 한쪽을 향해 걸어가고, 또 다른 검은색 옷을 입은 사람들이 반대쪽을 향해 걸어가고 있었습니다. 검은색 옷을 입은 사람들은 영원한 지옥을 향해 내려가고 있었습니다.

그런데 꿈속에서 너무 깜짝 놀란 것은 검은색 옷을 입은 사람들이 교회 장로님, 권사님, 집사님들이었습니다. 그리고 목사님은 꿈에서 깼습니다. 깬 다음에도 꿈은 너무나 생생했습니다. "교회에 다닌다고, 직분이 있다고, 봉사를 많이 하고 있다고 당연히 구원받은 것이 아니구나."

그 후 목사님은 교회에서 다시 복음에 관해 설교하기 시작했습니다. 꿈이었지만 마치 지옥을 향해 달려가고 있는 사람들에게 피를 토하는 심정으로 말입니다.

예수님은 '지옥'에 대해서 분명하게 설교하셨습니다(마 5:22, 29~30, 18:8~9, 25:46). 조나단 에드워즈(Jonathan Edwards)는 그의 책 『천국과 지옥』에서 지옥에 대해 다음과 같이 설교했습니다.

"여러분, 불타는 집안에서 여러분의 자녀가 있는 것을 보았다고 합시다. 그리고 그 아이가 불길에 타 죽을 위험에 처해 있다고 합시다. 그때 여러분은 단지 차갑고 무심한 태도로 그 아이에게 이렇게 말하시겠습니까? 얘야, 거기서 나와야지. 아니면 여러분은 가능한 가장 크게 소리치면서 그 아이를 애타게 불러 그 불덩어리에서 나오게 하겠습니까?"[1]

저도 이 글을 읽으며 상상해봤습니다. 내 자녀가 불길 속에 있다면 나는 단지 차갑고 무심한 태도로 아이에게 나오라고 이야기할 것인가? 절대 그럴 수 없습니다! 저는 불 속에 있는 제 자녀를 향해 소리치며, 소리치다 못해 내 자녀를 구하기 위해 집 안으로 들어갈 것입니다.

---

1) Sweeney, Douglas A. Strachan, Owen. 조나단 에드워즈의 천국과 지옥. 부흥과개혁사. 77 . 2012.

실제로 저는 이런 비슷한 일을 경험한 적이 있습니다. 한번은 아파트에 아들 둘과 함께 있는데 아래층에서 연기가 올라오는 겁니다. 급한 마음에 두 아들을 양손으로 안고 계단을 뛰어 내려갔습니다. 어떻게 하더라도 살아야 한다는 마음에 급히 가다가 넘어지기도 했습니다. 물론 불은 곧 꺼지고 잘 마무리가 되었습니다. 제가 지금 왜 이 이야기를 하고 있을까요? 이 땅에서 불은 쉽게 꺼집니다. 그러나 지옥의 불은 영원한 '실재'입니다.

저는 지금도 하나님께 진심으로 감사한 일이 있습니다. 고모님이 암으로 투병 중이셨을 때 고모님을 찾아가 복음을 전했습니다. 그때 고모님은 제게 "산하야, 너나 예수 잘 믿어라!"라고 말씀하셨습니다. 그 뒤로도 몇 차례 찾아뵈면서 계속 복음을 전했지만 돌아오는 말은 같았습니다. 나중에 고모님은 온몸으로 암이 전이되어 말도 못 하시고, 눈만 깜박이실 정도로 몸이 안 좋아지셨습니다.

그리고 마지막 임종 때에도 복음을 전했습니다. "고모님, 천국과 지옥이 분명하게 있습니다. 예수님을 믿으세요. 믿으시면 눈을 깜박해보세요" 그때 고모님은 눈을 깜박이셨습니다. 의심이 많아서 또 여쭤봤습니다.

"고모님, 정말 예수님 믿으시면 손가락을 까딱해 보세요." 고모님은 손가락을 움직이셨습니다. 믿지 않던 고모님과 함께 비로소 예수님을 영접하고 고모님은 일주일 뒤에 소천하셨습니다.

제게는 간절한 소원이 있는데, 영원한 하나님의 나라에서 뒤를 돌아봤을 때 사랑하는 가족, 친척, 제자, 성도들이 "와~ 목사님!" 하고 다시 그들의 얼굴을 보는 겁니다. 천국에서 우리가 다시 만나는 겁니다.

그렇다면 진짜 예수를 바르게 믿었다는 증거는 어디에 있습니까?

> "하나님의 성령을 근심하게 하지 말라 그 안에서
> 너희가 구원의 날까지 인치심을 받았느니라" (에베소서 4:30)

성령님은 가장 누추한 나의 마음에 들어와 계십니다. 그런데 우리가 죄를 지으면 성령께서는 우리 안에 계시기 때문에 근심하십니다. 탄식하십니다. 저는 예수님을 영접하고 죄를 지을 때 생기는 죄책감이 싫은 게 아니라, 성령님을 마음 아프게 하는 일이 싫었습니다. 내가 사랑하는 하나님을 속상하게 해 드리는 일이 정말이지 싫었습니다. 그래서 청년 때 "주님, 다시는 영적인 매춘부의 삶으로 돌아가기 싫습니다."라고 고백했습니다.

〈쓰리 시즌〉(Three Seasons)이라는 영화를 보면 매춘부 렌과 인력거를 끄는 하이라는 남자가 등장합니다. 두 사람은 몹시 가난했습니다.

그러던 어느 날, 하이는 자전거 대회에 나가서 1등을 하고 상금을 받습니다. 하이는 렌이 꿈꾸던 멋진 호텔에 그녀를 데리고 갑니다. 그리고 하이는 렌이 그렇게 바라던 호텔에서 마음껏 먹고 누리고 쉬기를 원합니다.

하지만 렌은 하이를 의심합니다. 자기에게 무언가 바라는 게 있어서 이렇게 호의를 베푼다고 생각합니다. 왜냐하면, 렌은 지금껏 단 한 번도 누군가로부터 이런 사랑과 호의를 받아본 적이 없었기 때문입니다. 시간이 흘러 렌은 하이의 사랑이 진짜라는 것을 깨닫습니다. 그리고 렌은 그 사랑을 받아들이면서 다시는 매춘부로 살지 않기를 결심합니다.

어떻게 렌이 변할 수 있었습니까? 렌은 하이로부터 진짜 사랑을 경험했기 때문입니다. 매춘부로 살던 렌의 삶은 타락한 삶이었습니다. 누가 봐도 분명하게 성적으로 문란하게 살았습니다. 그러나 조건없이 자기에게 친절하고 아낌없이 주는 하이를 경험하면서 비로소 사랑을 알게 되었습니다.

여기서 하이의 사랑은 그리스도의 사랑을 생각나게 합니다. 아무 조건없이 우리를 사랑해주시는 그리스도를 경험한 사람은 다시는 영적인 매춘부의 삶으로 돌아갈 수 없습니다. 그래서 렌이 하이의 조건 없는 사랑을 누린 후 이전의 삶으로 돌아갈 수 없었던 것처럼, 우리도 하나님의 무조건적인 사랑을 맛보았기에 다시는 영적 매춘부의 삶을 살고 싶지 않게 되는 것입니다.

그러나 많은 사람이 타락한 삶을 살고 있습니다. 왜 그럴까요? 지식으로 하나님의 사랑을 안다고 착각하기 때문입니다. 이것이 바로 가짜 복음, 가짜 은혜입니다. 이런 자들을 향해 주님은 "나는 너를 도무지 알지 못한다"(마 7:23)라고 말씀하시는 겁니다.

기억하십시오.

'종교'는 우리를 절대로 구원할 수 없습니다.
우리는 종교가 아닌 '기독교', 즉 예수님을 믿고 있는 것입니다.

미국의 한 목사님이 하신 인터뷰 내용을 봤습니다. "목사님은 혼전 성관계가 죄라고 생각하십니까?"라고 기자가 질문했습니다. 목사님은 빙빙 돌려서 여러 이야기를 하고 끝냈습니다. 그는 "결혼 전에 하는 성관계는 죄입니다!"라는 말을 하지 않았습니다.

저는 이 인터뷰를 보고 굉장히 충격을 받았습니다. 미국 문화에서 '혼전 성관계'가 죄라고 하면 큰 파문을 불러올 것이 뻔할 것입니다. 그러나 그는 목회자입니다. 그는 무엇이 복음인지를 명확히 밝혀야 할 목회자입니다.

팀 켈러(Timothy Keller) 목사님은 '문화'가 주는 영향력이 얼마나 무서운지에 대해 이렇게 말했습니다. 1000년 전에 앵글로색슨족(anglo-saxons)의 한 남성이 누군가에게 '살인' 충동을 느꼈다고 해 봅시다. 그래서 그 사람을 죽였다면, 당시 사회는 그 남성을 굉장히 용감하고 남성적이며 강인한 사람이라 여겼을 것입니다.

그러나 지금 시대에 한 남성이 누군가에게 끊임없이 '살인' 충동을 느낀다면 그는 정신병원에 가봐야 합니다. 심지어 그 남성이 실제로 누군가를 죽인다면 감옥에 가게 될 겁니다.[2]

똑같은 '살인'이지만 '문화'가 주는 영향력이 이처럼 다릅니다.

50년 전만 해도 우리나라는 혼전 성관계, 혼전 임신을 부끄럽게

---

2) 2015 TGC 컨퍼런스. https://www.youtube.com/watch?v=i76YG1YHL6o

여겼습니다. 기독교는 성(sex)은 결혼 관계 안에서만 허락되어야 한다고 가르쳤습니다. 그것이 그리스도 안에서 아름답고 바른 것이라고 가르쳤습니다. 마치 돌고래 떼가 바닷속을 헤엄칠 때 아름다운 것처럼 말입니다.

그러나 부부 외에, 그리스도를 벗어난 성(sex)은 마치 돌고래 떼가 뭍에서 떼죽음을 당하는 것처럼 죽음을 불러옵니다. 또한 죽음은 악취를 가져옵니다. 이것이 성경이 분명하게 말하고 있는 바입니다(창 2:24).

그러나 문화가 주는 영향력이 얼마나 큽니까? 지금은 교회 안에서도 혼전 성관계와 혼전 임신이 부끄럽지 않게 인식됩니다. 물론 정죄하려는 것은 아닙니다. 저 역시 큰 죄인인 것을 깨달았기 때문입니다.

같은 성(sex)에 대한 생각이 이처럼 달라진 것은 우리를 지배하고 있는 사상, 문화, 예술의 영향력이 대단하다는 것을 말해주고 있는 것입니다. 오늘날 젊은 청년 중에 꽤 많은 청년이 교회에 다녀도 혼전 성관계는 괜찮다고 생각합니다.

2015년 데오스앤로고스(theosnlogos)는 미혼 기독교 청년들을 대상으로 성에 관한 설문조사를 했습니다. 그중에 미혼 기독 청년들의 52%가 성관계를 경험했다고 응했습니다. 또 61.3%는 혼전 순결을 꼭 지킬 필요가 없다고 생각하고 있었습니다.

왜 그렇습니까? 우리가 진리의 영향력 아래 있지 않고, 문화의 영향력 아래에 있어서 그렇습니다. 많은 그리스도인은 문화가 진리가 돼버린 시대에 살고 있습니다.

그렇다면 오늘 성경은 우리에게 '죄'에 대해서 뭐라고 말씀하고 있을까요?

> "그러나 요나가 여호와의 얼굴을 피하려고 일어나 다시스로 도망하려 하여 욥바로 내려갔더니 마침 다시스로 가는 배를 만난지라 여호와의 얼굴을 피하여 그들과 함께 다시스로 가려고 배삯을 주고 배에 올랐더라" (요나서 1:3)

하나님의 말씀이 요나에게 임해서 '니느웨'로 가서 외치라고 합니다. 그러나 요나는 "여호와의 얼굴을 피했다!"라고 정확히 두 번 반복해서 말씀하고 있습니다.

죄는 헬라어로 '하마르티아'(hamartia)입니다. 그 뜻은 과녁에서 벗어난 것을 말합니다. 하나님을 향해 초점을 맞추고 살아야 하는 인생이 다른 과녁을 맞히고 있는 것입니다. 그래서 죄는 하나님에게서 벗어난 것입니다. 예수님으로부터 벗어난 것이 '죄'입니다.

그런데 죄의 결과는 달콤할까요? 네. 달콤합니다. 하지만 달콤한 것도 잠시뿐입니다. 모든 죄에는 반드시 후폭풍이 따라옵니다.

"여호와께서 큰 바람을 바다 위에 내리시매 바다 가운데에 큰 폭풍이 일어나 배가 거의 깨지게 된지라" (요나서 1:4)

요나가 하나님께 불순종했을 때 '폭풍'이 따라옵니다.

요한복음 8장에도 간음한 여인이 나옵니다. 상상해보면 간음한 여인은 머리채를 붙잡힌 채 질질 끌려왔을 수도 있었을 겁니다. 어쩌면 이 여인은 옷도 제대로 입지 못했을지 모릅니다. 어떤 모습이든 바리새인들은 큰 돌을 들고 그녀를 쳐서 죽이려고 합니다. 간음할 때 이런 모습을 상상이나 했겠습니까? 이처럼 모든 죄에는 반드시 '폭풍'이 옵니다.

하지만 우리가 주의해야 할 것이 있습니다. 모든 죄에는 반드시 폭풍이 오지만, 뒤집어 생각해보면 폭풍이 죄 때문에 온 것만은 아닙니다. 이것이 무슨 말입니까?

'욥'을 예로 들면 이해하기 쉽습니다. 욥은 죄 때문에 삶에 폭풍을 만났습니까? 아닙니다. 사탄 원수에 의해 삶에 폭풍이 왔습니다. 때때로 우리는 삶의 폭풍 한가운데 있는 성도에게 "너 죄 때문에 그래. 빨리 하나님께 회개해."라고 말합니다. 하지만 이런 말이 상대방에게는 큰 상처를 줍니다. 마치 욥의 친구들처럼 행동하고 있는 것입니다. 하나님께서 욥의 친구들을 칭찬하셨습니까? 아닙니다. 책망하셨습니다. 그러므로 우리는 폭풍 중에 있는 신자에게 함부로 말하지 말아야 하며 격려와 중보를 해야 합니다.

하지만 이때에도 다른 사람은 내가 어떤 마음인지, 어떤 상태 때문에 폭풍이 온 지 모른다고 하더라도 자기 자신은 확실히 알 것입니다. 이 폭풍이 죄로부터 왔는지, 아니면 원수에게서 와서 하나님께서 허용하셨는지 말입니다.

그러므로 "나는 구원받았으니 이제 마음껏 죄지으며 살아도 돼!"라는 태도는 진정으로 구원받은 성도의 삶이 아닙니다(마 7:21-23). 우리는 두렵고 떨리는 마음으로 '나는 정말 그리스도를 마음에 모시고 사는 사람'이 맞는 지를 끊임없이 점검해 볼 수 있어야 합니다.

*적용 질문

● 혹시 나는 죄를 지으면서도 어떤 찔림이나 아픔도 없이 구원받았다고 여기면서 반복적으로 죄를 짓고 있지는 않습니까?

● 내가 구체적으로 넘어지는 죄는 무엇입니까?

● 내가 가지고 있던 죄에 관한 생각은 무엇입니까? 죄를 무엇이라 생각하나요?

3. 나는 율법주의자입니다

얼마 전 넷플릭스에서 1위를 했던 '지옥'이라는 한국 드라마가 있습니다. 그 드라마에서 배우 유아인 씨는 극 중에서 신흥 종교, 새 진리회 의장 정진수 역할을 맡아 연기했습니다. 이 드라마에는 괴물이 나오는데, 이 괴물이 갑자기 나타나 사람들을 지옥으로 데려갑니다. 그래서 이 모습을 지켜보고 있던 사람들은 두려움과 공포에 사로잡히기 시작했습니다.

그리고 이때부터 정진수는 사람들의 마음에 두려움을 더 크게 심어줍니다. 심지어 그는 사람들이 죄를 지었기 때문에 지옥에 간다고 가르쳤습니다. 그리고 그의 교리에 따르면 선하고 착해야 지옥에 가지 않는다고 믿게 했습니다.

"선하게 행동해야 합니다. 더 정의로워야 합니다."

어디서 많이 들어보지 않으셨습니까? 이것이 바로 율법주의입니다. 율법주의란 무엇입니까? 자기 자신의 의, 공로, 노력, 선으로 구원받는다고 생각하는 겁니다. 그 뿌리에는 '두려움'이 존재합니다.

또한 선(善)의 정확한 기준도 없습니다. 내가 생각할 때, 남들이 볼 때가 하나의 기준이 됩니다. 그래서 끊임없이 선을 행하고, 할 수만 있다면 자신의 전 재산을 팔아서라도 지옥에 가지 않기 위해 노력합니다.

저는 이십 대 때 예수님을 인격적으로 만나고 이십 대 중반에 목회자의 길로 가게 되었습니다. 그런데 제 삶은 점점 예수님을 닮아가는 것이 아니라 율법주의자를 닮아가고 있었습니다. 율법주의자의 특징이 무엇입니까? 한 마디로 설명하자면, "나는 하나님께 순종한다. 그러므로 나는 하나님께 용납받았다."입니다.

많은 분이 이렇게 생각합니다. 하지만 복음의 순서는 정반대입니다. "나는 하나님께 용납받았다. 그러므로 나는 하나님께 순종한다."

율법주의자들은 '자신의 순종'으로 하나님의 의에 도달했다고 믿습니다. 복음으로 시작해서 율법으로 망한 사람들의 특징은 자신이 도덕적이고 윤리적으로 의로운 사람이라고 생각하는 데 있습니다.

이런 사람이 다른 사람을 보면 어떨까요? 불완전할 수밖에 없습니다. 은혜가 아닌 율법의 관점으로 남들을 바라볼 때 우월감과 업신여기는 마음을 갖기 쉽습니다. 저에게도 어느새 영적으로 우쭐대고 남들과 다른 사람인 양 영적인 우월감이 있었습니다. 그래서 죄를 반복적으로 짓는 사람들을 향해 업신여기고 함부로 판단하기도 했습니다.

그런데 누가복음 15장에 잃어버린 아들의 비유를 묵상하면서 제가 바로 큰아들이라는 것을 알았습니다. 여러분, 큰아들은 '율법주의자'를, 작은아들은 '타락한 사람'을 상징합니다. 둘째 아들이 아버지에게 돌아왔을 때 형의 반응은 어땠습니까? 화를 냅니다. 분노합니다. 왜 그렇습니까? '자기의 의' 때문입니다. 형은 자기가 가진 의로움 때문에 영적인 우월감에 우쭐대고 있습니다. 그래서 아버지께 돌아온 동생을 업신여기기까지 하는 겁니다.

조나단 에드워즈(Jonathan Edwards)는 율법주의자가 어떤 사람인지를 이미지로 설명했습니다.

산에서 큰 바위가 떨어지는데 밑에 사람이 있습니다. 이 사람이 큰 바위가 떨어져도 살아남기 위해 끊임없이 거미줄을 칩니다. 그런데 거미줄이 100줄이면 그가 살아남겠습니까? 바위가 떨어질 때 거미줄이 몇 줄이든, 그것은 큰 영향을 주지 못합니다. 아무 상관없이 바위는 굴러떨어질 것입니다. 심판은 이런 것입니다. 그런데 거미줄이 바로 율법주의자의 '자기 의'입니다.

저는 예수님을 닮아가는 것이 아니라, 탕자의 비유에 나오는 첫째 아들처럼 점점 율법주의자를 닮아가고 있었습니다. 여러분은 어떻습니까?

율법주의자의 또 다른 특징은 무엇일까요? 바로, 다른 사람을 정죄하고, 판단하는 것입니다. 율법주의자는 누군가를 향해 끊임없이 '정죄'하고 '판단'합니다. 그 이유는 무의식 속에 자기 자신이 그들보다 '의롭다'라고 생각하기 때문입니다.

잃어버린 아들의 비유에서 큰아들은 분명 아버지에게 '순종'합니다. 그러나 큰아들이 아버지에게 순종하는 것은, 아버지를 '사랑해서' 순종하는 것이 아닙니다. 겉으로는 하나님께 순종하는 것처럼 보이지만, 사실 큰아들은 자신이 원하는 상황으로 만들기 위해 순종할 뿐입니다. 내가 원하는 대로 모든 상황을 통제하기 위해 계산적으로 하는 행동일 뿐 진정한 의미에서 순종이 아닙니다.

이를 동생이 돌아왔을 때 큰아들이 보여준 말과 행동으로 알 수 있습니다. 자기가 생각한대로 아버지가 반응해주지 않자 큰아들은 발끈하고 독선적인 분노를 표현합니다. 마음속에 자리 잡은 분노와 판단과 정죄가 다른 사람을 향해 날카롭게 서 있습니다. 그것도 모든 것을 잃고 돌아온 동생을 향해서 말입니다.

여기서 가장 큰 문제는 자기 자신이 율법주의자가 되어버렸다는 것을 모른다는 겁니다. 그러니 인정하지 않으려고 합니다. 자신은 하나님을 잘 섬기고 있다고 착각합니다. 그러나 그는 예수님을 닮아가는 것이 아니라, 점점 독선적인 분노를 가진 율법주의자를 닮아가고 있습니다.

안타깝지만 이것이 저를 포함한 목회자들이 가장 범하기 쉬운 잘못입니다. 장로님, 권사님, 집사님, 교회 일에 열심이 있는 청년들이 율법주의자가 되기 쉽습니다. 내가 기도를 많이 하면 할수록 자기 의에 빠져서 영적으로 우쭐대는 겁니다. 즉 기도가 '자기의 의'가 되어버린 겁니다.

> "바리새인은 서서 따로 기도하여 이르되 하나님이여 나는 다른 사람들 곧 토색, 불의, 간음을 하는 자들과 같지 아니하고 이 세리와도 같지 아니함을 감사하나이다" (누가복음 18:11)

바리새인은 겉모습으로 회개하는 사람입니다. 그는 열심히 기도하지만, 속으로는 회개하지 않습니다. 즉 바리새인은 자신이 하지 않은 것, 행동한 것만 회개하지 '자기의 의'를 절대로 회개하지 않습니다. 그래서 자신이 얼마나 철저하게 죄인인지 깨닫지 못합니다.

또한 율법주의자는 하나님의 자리에 올라가 있는 사람입니다(약 4:12). 모습은 기독교인이지만, 다른 사람들이 볼 때는 예수님을 믿는 사람이 아니라, 무서운 율법주의자로 보일 수 있습니다.

저는 청년 때 금식기도를 많이 했습니다. 제 모 교회 목사님께서 금식기도를 많이 하셔서 교회 전체적인 분위기가 금식하는 분위기였습니다. 청년부를 사랑하는 마음으로 칠일 금식을 여러 번 했습니다. 심지어 일 년 동안 부모님께 말씀드리고 교회에서 잠을 자면서 새벽에 기도하고 철야 기도를 했습니다. 그렇게 무섭게 기도했습니다.

그런데 어느 순간 제가 기도를 많이 하는 것이 저 자신의 '의'가 되어버렸습니다. 기도를 많이 하니 어느 순간 다른 사람보다 좀 나은 사람이라고 스스로 생각하게 되었습니다. 그래서 저는 기도하지 않고 죄짓는 사람들을 업신여겼습니다.

어느 순간, 저는 율법주의자처럼 자기 열심으로 하나님의 자리에서 다른 사람을 판단하기 시작했습니다. 이처럼 잘못된 기도는 하나님의 법을 지킬수록 자기 의로움만 남습니다.

그러나 십자가 복음 앞에 바른 기도를 하면 자기 자신이 철저하게 바닥까지 죄인인 것을 알게 됩니다. 마치 세리가 한 기도처럼 말입니다.

"세리는 멀리 서서 감히 눈을 들어 하늘을 쳐다보지도 못하고 다만 가슴을 치며 이르되 하나님이여 불쌍히 여기소서 나는 죄인이로소이다 하였느니라" (누가복음 18:13)

복음 앞에 바른 기도를 하면 할수록, 빛 되신 주님 앞에 자신이 얼마나 큰 죄인인지 깨닫게 됩니다. 예수님은 자기의 의를 내세우는 바리새인이 아니라, 자신을 죄인이라고 고백하는 세리를 의롭다 하십니다(눅 18:14).

요한복음 8장에서 간음한 여인을 고발했을 때 바리새인들의 가장 큰 문제점이 무엇인지 아십니까?

"그들이 이 말씀을 듣고 양심에 가책을 느껴 어른으로 시작하여 젊은이까지 하나씩 하나씩 나가고 오직 예수와 그 가운데 섰는 여자만 남았더라" (요한복음 8:9)

바리새인들이 예수님의 말씀을 듣고 양심에 가책을 느낍니다.

그런데 바리새인들이 양심의 가책을 느꼈다면 이때 어떻게 해야 합니까? 자신의 죄를 인정하고, 예수님 앞에 무릎을 꿇어야 합니다.

그런데 그렇게 하지 않고 다 떠나갑니다. 바리새인의 가장 큰 특징은 말씀을 들으면서 "응, 나는 아니야."하는 것입니다. 그렇다면 어떻게 반응이 바뀌어야 맞는 걸까요?

"주님, 맞습니다. 제가 가장 큰 죄인입니다. 누군가를 끊임없이 난도질하고, 판단하고, 정죄하며, 내가 좀 더 의롭다며 우쭐대는 인간이 바로 저입니다. 저는 이제 어떻게 해야 합니까?"

이러한 고백이 빛 되신 주님 앞에 선 성도의 모습입니다.

제가 제자훈련을 받을 때 일입니다. 제자훈련 책 질문에 다음과 같이 적혀 있었습니다. "여러분은 지금까지 자신보다 '더' 악질인 사람을 본 적이 있습니까?"

저는 그 질문에 세 사람을 답했습니다. 첫째는 살인자, 둘째는 성폭행범, 셋째는 나라를 판 사람입니다.

그런데 그 아래에는 이렇게 적혀 있었습니다. "만약 이 질문에 당신보다 더 큰 악질이 생각나는 사람이 있다면, 당신은 아직 십자가의 복음을 정말로 깨달은 사람이 아닙니다."

저는 망치로 얻어맞은 느낌이었습니다. 십자가 설교를 들었고, 눈물도 흘렸지만 저는 정말로 제 자신이 그리도 흉한 죄인이라는 생각은 하지 못하고 있었습니다. 그러니 십자가의 은혜가 얼마나 큰지도 실감할 수 없었습니다.

예수님은 죄가 없다고 말하는 바리새인보다, 자신이 죄인이라고 고백하는 세리와 창녀에게 더 소망이 있다고 말씀하십니다.

"세리들과 창녀들이 너희보다 먼저 하나님의 나라에 들어가리라"
(마태복음 21:31b)

여기서 '너희'는 바리새인입니다. 바리새인은 끝까지 인정하지 않았고, 세리와 창녀들은 자신이 죄인임을 인정했습니다. 우리가 진정 빛 되신 주님 앞에 서게 될 때, 우리의 더러운 죄악의 실상을 보게 됩니다. 그리고 주님께 이렇게 고백할 수 있어야 합니다.

"주님, 제가 바로 율법주의자입니다."

*적용 질문

● 무엇이 율법주의입니까? 율법주의의 특징은 무엇입니까?
● 나에게 남들이 알지 못하는 큰아들(눅15장)과 같은 모습은 무엇입니까?

4. 그래서 내게는 예수님이 필요합니다

목회자 모임에서 만난 사모님의 이야기를 하고자 합니다. 안식월을 다녀오신 한 사모님의 나눔이 제 마음에 깊이 남았습니다. 안식월 동안 매주 다른 교회를 탐방하셨는데 갈 때마다 폭포수 같은 하나님의 은혜를 경험하셨다고 합니다. 그리고 안식월이 끝나는 마지막 주에 한 교회에서 예배를 드리고 나오는데 아주 큰 글씨로 쓰인 문장을 보게 되었다고 합니다.

'은혜의 반대말은 내 힘이다.'

이 문구가 하나님께서 사모님께 주시는 큰 응답이었습니다. 우리는 예수님을 믿는다고 하면서도 내 힘으로 구원받으려고 합니다. 하지만 죄 덩어리인 나의 문제의 해답은 오직 은혜의 근원이신 '예수님'에게 있습니다.

> "우리는 다 양 같아서 그릇 행하여 각기 제 길로 갔거늘 여호와께서는 우리 모두의 죄악을 그에게 담당시키셨도다"
> (이사야 53:6)

이스라엘 백성은 하나님께 제사를 드릴 때 자기가 키운 양, 자기와 함께 했던 양들을 가지고 제사장에게 나갔습니다. 그래서 그들은 적어도 자기가 사랑했고 자기가 보살폈던 사랑스러운 양이 죽는 것을 보면서 두 가지를 느꼈습니다.

'아, 죄를 지으면 저렇게 되는구나.' 하는 죄에 대한 심각성이고, 동시에 '이 양이 아닌 내가 죽어야 하는데 하나님께서 양을 통해 내 죄를 사하시고 나를 살리셨구나.' 하는 대속의 은혜입니다.

여러분, 우리는 동물을 잡는 모습을 보지 못했기 때문에 잘 상상이 안 되고 이해가 안 될 수 있습니다만, 이스라엘 백성이 양을 직접 죽일 때 동물이 우는 소리, 절규하는 소리를 들으면서 어떤 마음일까요? 제사 드리러 갈 때마다 피비린내가 진동하는 것을 느낍니다.

구약의 제사를 보면 양이 죽습니다. 그러나 양이 죽는 게 아니라 하나님이 보실 때는 죄가 죽는 것입니다. 이것은 이스라엘 백성이 양에게 안수할 때, 이스라엘 백성 안에 있던 모든 죄가 그 양에게 전가되기 때문입니다(레 1:4). 그래서 이스라엘 백성들도 알았습니다.

'아, 하나님께서 이렇게 죄에 대해 분노하시는구나. 죄에 대한 하나님의 심판은 이렇게 두려운 것이구나. 하나님께서 정말로 죄를 싫어하시는구나.' 라고 머리가 아니라 온몸으로 깨닫게 됩니다. 이처럼 죄에 대한 심각성을 깨달았습니다.

"여호와께서는 우리 모두의 죄악을 그에게 담당시키셨도다" (이사야 53:6b)

하지만 우리는 죽지 않고 살고 있습니다. 어떻게 이런 일이 가능할까요? 우리 모두의 죄악으로 말미암아 하나님께서 우리 모두를 마땅히 심판하셔야 하고, 이 심판은 영원한 지옥의 형벌입니다(마 10:28).

그런데 하나님께서 우리와 예수님의 자리를 맞바꾸셨습니다. 그리고 예수님께서 그 모든 하나님의 진노와 심판과 저주를 십자가에서 받으신 겁니다.

"하나님이여 내게 은혜를 베푸소서 내게 은혜를 베푸소서 내 영혼이 주께로 피하되 주의 날개 그늘 아래에서 이 재앙들이 지나기까지 피하리이다" (시편 57:1)

추운 겨울에 어미 새는 아기 새를 날개 아래 숨겨서 추위로부터 따뜻하게 지켜줍니다. 하지만 어미 새는 얼어 죽을 수 있는 모든 추위를 대신 감당하고 있습니다. 또한 어미 새는 짐승의 공격으로부터 아기 새를 날개 아래 보호하지만, 어미 새의 날개는 찢기고 피가 나는 고통과 죽음을 감당합니다.

예수님은 이 어미 새와 같이 우리의 날개가 되어 주십니다. 우리는 그 날개 그늘 아래 숨어 모든 재앙을 피하게 됩니다. 우리에게 십자가의 사건이 없다면 율법주의자의 '자기 의'에서 빠져나올 수 없고, 십자가의 사건이 없으면 '반복적인 죄'에서도 빠져나올 수 없습니다. 이 때문에 우리는 십자가 앞에서 어떤 누구도 자기의 의를 자랑할 수 없고, 반복적이고 습관적인 죄에서 스스로 구원받을 수 없음을 고백하게 됩니다.

저는 빛 되신 주님 앞에, 거룩하신 주님 앞에 제 모습을 바라봅니다. 그리고 이렇게 고백합니다.

"주님, 저는 타락한 사람이며, 율법주의자였습니다. 그래서 제게는 예수님이 더욱 필요합니다."

모든 종교는 '진리'라는 신을 찾기 위해 노력합니다. 이것이 자기 의입니다. 자신의 노력으로, 자신의 공로로 '영생'을 찾습니다. 그러나 그 어떤 노력이나 애씀도 자신의 '의'로는 절대로 구원에 이를 수 없습니다.

이것이 예수님의 십자가의 의미입니다. 십자가에서 벌어진 일은 하나님께서 친히 우리에게 '찾아오셔서', 우리와 자리를 맞바꾸신 사건입니다

> "말씀이 육신이 되어 우리 가운데 거하시매 우리가 그의 영광을 보니 아버지의 독생자의 영광이요 은혜와 진리가 충만하더라"
> (요한복음 1:14)

여기서 '말씀'은 '하나님'(요 1:1)입니다. 그리고 '거하시매'라는 단어는 '장막을 치다'라는 뜻입니다. "하나님께서 육신이 되어 우리 가운데 장막을 치셨다!"라고 말씀합니다. 예수님께서 친히 하늘의 모든 영광을 버리시고 우리 삶에 찾아오신 겁니다.

마치 영화〈Three Seasons〉에서 매춘부의 삶을 살고 있는 렌에게 찾아온 하이처럼, 요한복음 8장에 간음한 여인에게 찾아오신 예수님처럼 말입니다. 예수님은 우리의 삶의 자리에, 심지어 죄에 빠진 우리의 그 자리에 찾아오십니다. 그리고 마땅히 심판의 돌을 맞아야 하는 우리를 살리기 위해 예수님은 자리를 바꿔주셨습니다.

그래서 저는 제 삶에 '찾아오신 예수님'을 묵상합니다. 제가 8살 때 동생의 손을 잡고 걷고 있을 때, 작은 상가교회의 성도들이 제게 찾아오셨습니다. 부활절 계란을 주셨고 그것을 계기로 교회에 나가게 된 것 같습니다. 성도들이 방문해주신 것이지만 8살인 제게 예수님이 찾아오신 겁니다.

제가 19살, 20살 때 세상에 취해있고, 술에 취해있고, 죄에 취해있을 때 사람을 통해 주님은 제게 찾아오셨습니다. 그리고 저를 만나주셨습니다. 제가 30대 목회자가 되고 영적 우월감으로 우쭐대고, '자기 의'로 남을 업신여기며 바라볼 때, 예수님은 제게 찾아오셨습니다. 그리고 저와 자리를 맞바꾸셨습니다. 또한 제가 교회에 나가는 것으로 만족하고 있을 때 주님은 제 '마음'에 찾아오셨습니다.

"만물보다 거짓되고 심히 부패한 것은 마음이라 누가 능히 이를 알리요마는" (예레미야 17:9)

만물보다 거짓되고 썩은 악취가 나는 곳이 바로 사람의 '마음'입니다. 예수님은 제 마음에 계시다가 죄를 지으면 다시 나가시는 것이 아닙니다. 영원토록 제 마음에 내주하시고, 사시겠다고 말씀하십니다(갈 2:20). 이것이 바로 놀라운 복음입니다.

언젠가 아들과 단둘이 천문대에 간 적이 있습니다. 아들은 우주를 보며 너무 신기해했습니다. 그곳에서 우주에 관련된 영상을 같이 봤는데 신비롭고 아름다웠습니다. 집으로 돌아오는 길에 아들에게 "유민아, 온 땅을 누가 창조하셨어?"라고 묻자 아들이 "하나님이."라고 대답했습니다. 그래서 또 물었습니다. "그런데 유민아, 온 땅을 창조하신 주님이 지금 어디 계신지 알아?" 그때 7살 된 아들이 이렇게 대답했습니다. "유민이 마음속에."

온 땅을 창조하신 주님이 우리 마음속에 계십니다. 십자가에서 죽으시고 부활하신 주님이 성령으로 우리 마음속에 계신 겁니다. 이것이 얼마나 놀라운 복음입니까? 이것이 가장 큰 기적입니다. 이것이 가장 큰 축복입니다. 주님이 우리 마음속 안에 사신다니요!

복음을 바르게 이해하고 바른 복음을 경험할 때, '흠투성이인 나를 하나님께서 용납하셨구나. 나를 진실로 사랑하시는구나. 나는 하나님의 자녀구나. 내 마음속 안에 영원토록 사시는구나!'라고 확신하게 됩니다. 그러나 나의 능력으로 된 것이 아니니 영적인 우월감에 빠질 수 없습니다.

또한 다시는 하나님 외에 다른 것을 사랑할 수 없습니다. 왜냐하면 조건 없는 하나님의 사랑과 용납을 경험했기 때문입니다. 그래서 십자가의 복음을 경험한 사도바울은 다음과 같이 고백합니다.

> "미쁘다 모든 사람이 받을 만한 이 말이여 그리스도 예수께서 죄인을 구원하시려고 세상에 임하셨다 하였도다 죄인 중에 내가 괴수니라" (디모데전서 1:15)

여기서 "죄인 중에 내가 괴수니라"라는 말은 최상급 표현입니다. 빛 되신 그리스도 앞에 자신은 가장 큰 괴물이며 죄인이라는 것입니다. 십자가의 복음을 바르게 경험할 때 우쭐할 수 없고, 영적 우월감을 가질 수 없고, 남을 판단하고 정죄할 수 없습니다. 오히려 자신이 가장 큰 죄인임을 발견하게 됩니다.

우리의 모습은 어떻습니까? 영적인 우월감에 사로잡혀 있습니까? 아니면 반복적인 죄에 빠져 이 문제는 어쩔 수 없다고 내버려둔 채 살아가고 있습니까? 이제 우리도 거룩하신, 빛 되신 그리스도 앞에 서서 이렇게 고백합시다!

"주님, 그래서 제게는 예수님이 필요합니다."

*적용 질문

● 누군가 당신에게 왜 예수님이 필요하냐고 묻는다면 당신은 뭐라고 대답하시겠습니까?

● 은혜의 반대말은 무엇입니까? 자신의 언어로 표현한다면 뭐라고 할 수 있을까요?

● 오늘 하나님께 올려 드릴 기도는 무엇입니까? 기도문을 써보세요.

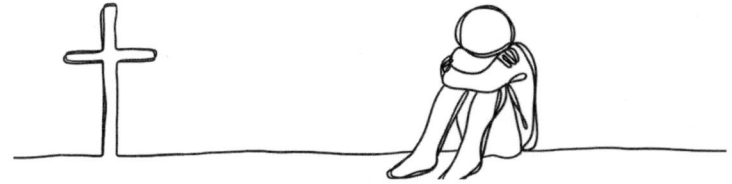

PART 2

어떻게 습관적인 죄에서 승리 할 수 있을까?

5. 죄에서 승리할 수 있을까?

저는 스무 살에 예수님을 인격적으로 만나고, 2000년 전 십자가의 사건이 곧 저의 사건이 되었습니다. 그리고 저는 스무 살 이전과 완전히 다른 삶을 살게 되었습니다. 예수님을 만나고, 예수님에게 완전히 잠겨 이전과는 전혀 다른 삶을 살게 되는 행복을 경험했습니다.

그러나 청년 시절, 약 십 년을 끊임없이 괴롭히고 해결되지 않는 내 안의 질문과 고민이 저를 짓누르고 있었습니다. 그것은 바로 저의 '습관적인 죄'였습니다. 죄에 좌절한 '그 시대'의 청년은 바로 제 자신이었습니다. 저의 유일한 고민은 단 하나였습니다.

"어떻게 해야 습관적인 죄에서 승리할 수 있을까?"

분명히 예수님을 믿고 예수님을 인격적으로 만났음에도 저는 여전히 죄에 넘어지고, 회개하고, 다시 죄에 넘어지고, 회개하기를 반복하는 삶을 살고 있었습니다. 도저히 습관적인 죄에서 벗어날 방법이 없는 것 같았습니다.

복음을 안다고 생각됐지만 실제로 죄를 이길 힘도, 능력도 없이 무기력하게 달콤한 죄를 선택했습니다. 그리고 죄가 주는 달콤함은 순식간이었으나 그 뒤에 몰려오는 죄책감에 많은 시간을 고통스럽게 보냈습니다.

부끄럽지만 솔직히 고백하건대 저의 습관적인 죄는 음란물이었습니다. 저는 음란하고 은밀한 죄에 더 이상 넘어지기 싫어 핸드폰을 2G폰으로 바꾸기까지 했습니다. 그렇지만 여전히 죄를 끊지는 못했습니다.

아내와 교제하던 시절 아내를 지켜주기 위해 승용차도 팔았습니다. 이유는 하나입니다. 여자친구와 스킨십을 조금씩 더 하고 싶은 마음이 올라올 때 제 안에 있는 욕구를 누르고 여자친구였던 아내를 지켜주기 위한 마음을 지키고 싶었습니다.

그런데 이와 같은 고통과 괴로움은 저만 겪는 게 아닐 것입니다. 지금도 많은 다음 세대, 그리고 청년들 심지어 성도들과 목회자들도 죄에 대한 씨름과 좌절을 가지고 있습니다. '예수님을 믿지만, 여전히 죄는 지으면서 살 수밖에 없구나.' 하는 패배 의식이 커지고 있습니다.

하지만 소망이 없는 것은 아닙니다. 크리스천 청년들 안에는 죄로부터 승리하고자 하는 '갈망'이 있습니다. 이 갈망이 있다는 것을 발견할 수 있어야 합니다. 이 갈망은 성적인 죄로부터 승리하기를 원하는 씨앗이 됩니다.

제게 고민을 상담하며 찾아온 청년들에게 "너희는 습관적인 죄에서 승리할 수 있다고 생각하니? 승리할 수 없다고 생각하니?"라고 물어봅니다. 그때 청년들은 하나같이 "목사님, 죄에서 승리할 수 없다고 생각해요."라고 대답합니다. 놀라운 것은 이처럼 대답하는 친구들이 교회 구석에서 부모님 손에 억지로 끌려 나오는 친구들이 아니라는 겁니다. 이 청년들은 평일에도 열심히 하나님 앞에 나와 예배하고, 봉사하고, 리더로 섬기는 청년들입니다.

그런데도 그들의 마음에는 '습관적인 죄에서는 승리할 수 없어.'라는 생각이 가득하고, 동시에 끊임없이 반복해서 짓는 죄로 고통스러워하고, 좌절하며, 죄책감을 느끼고, 괴로움에 신음하고 있었습니다.

이를 보면서 지금 한국교회의 많은 청년과 성도들의 모습은 마치 죄로 인해 두 눈이 뽑힌 삼손과도 같다는 생각이 들었습니다.

> "삼손이 가사에 가서 거기서 한 기생을 보고 그에게로 들어갔더니" (사사기 16:1)

여기서 '한 기생'은 정확하게는 '매춘부' 즉, 성적으로 몸을 파는 창녀를 의미합니다. 그런데 여기서 굉장히 중요한 단어가 '보고'라는 말입니다. 삼손은 매춘부를 바라보고 매춘부에게로 들어갑니다. 그뿐만 아니라 계속해서 사사로서의 거룩한 삶이 아닌 음란한 삶을 살았습니다. 그 결과 삼손은 두 눈으로 죄를 짓는 것을 시작하고 그 끝은 두 눈이 뽑히게 됩니다.

우리가 누구를 진정 주인으로 모시고 사는지 확인하는 방법은 아주 간단합니다. 우리가 계속해서 보고, 듣는 것이 무엇인지 확인하면 알 수 있습니다. 우리가 끊임없이 보고, 듣는 것이 바로 우리의 '주인'입니다.

성경 속 인물들이 동일한 패턴으로 죄에 넘어지는 것을 확인해 볼 수 있습니다. 여호수아에 나오는 아간도 동일하게 '보는' 것에서 죄가 시작됩니다.

> "내가 노략한 물건 중에 시날 산의 아름다운 외투 한 벌과 은 이백 세겔과 그 무게가 오십 세겔 되는 금덩이 하나를 보고 탐내

어 가졌나이다" (여호수아 7:21a)

아간의 죄도 '보는 것'에서 시작합니다. 금은보화를 바라보고 그 마음으로 탐하고 훔칩니다. 그 끝은 아이성 사람들에게 패배하게 되고, 아골 골짜기에서 죽음을 맞이하게 됩니다.

하와도 동일합니다. 선악과를 '바라보고' 마음으로 탐하여 따먹습니다.

"여자가 그 나무를 본즉 먹음직도 하고 보암직도 하고 지혜롭게 할 만큼 탐스럽기도 한 나무인지라 여자가 그 열매를 따먹고 자기와 함께 있는 남편에게도 주매 그도 먹은지라" (창세기 3:6)

다윗도 목욕하는 밧세바를 '바라보고' 마음으로 품고 간음합니다.

"저녁 때에 다윗이 그의 침상에서 일어나 왕궁 옥상에서 거닐다가 그 곳에서 보니 한 여인이 목욕을 하는데 심히 아름다워 보이는지라"(사무엘하 11:2)

죄를 짓는 가장 중요한 패턴은 '무엇을 바라보는가?'로부터 시작합니다. 각자에게 적용해서 생각해볼 수 있으면 좋겠습니다. 나는 무엇을 바라보고 있습니까? 혹시 내가 죄에 번번이 넘어지는 이유가 주님이 아닌 다른 것을 바라보는 데서 비롯된 것은 아닌가 하는 것입니다. 다시 한번 강조하지만, 우리가 보고 듣는 것이 바로 우리의 주인(主人)입니다.

다시 삼손의 이야기로 돌아가고자 합니다. 사사기 16:1에 '동사'들을 다시 보면 다음과 같습니다.

"삼손이 가사에 가서 거기서 한 기생을 보고 그에게로 들어갔더니" (사사기 16:1)

이 본문에 등장한 동사를 보면 '가서', '보고', '들어갔더니'라고 말씀합니다. 삼손은 죄를 향해 달려가고, 죄를 바라보고, 죄로 들어갔습니다. 만약 제가 아내와 함께 걷고 있는데 다른 여자를 계속 바라보고, 다른 여자에게 달려가면 죄를 짓는 겁니다.

그렇다면 삼손은 어떻게 해야 바뀔 수 있을까요? 예수 그리스도께로 달려가고, 예수 그리스도를 바라보고, 예수 그리스도에게로 들어가 주와 친밀한 연합을 누리면 됩니다.

지금 이 시대는 핸드폰을 통해 음란함이 침대 안까지 들어왔다고 말하는 시대입니다. 이렇게 음란한 시대에 사는 크리스천 청년들, 성도들, 목회자들은 이렇게 바뀌어야 합니다. 예수 그리스도께로 달려가고, 예수 그리스도를 바라보고, 예수 그리스도와 친밀한 동행을 누려야 합니다.

*적용 질문
- 당신이 가장 많은 시간을 들여 '보고 있는 것'은 무엇입니까?
- 당신이 자주 넘어지는 죄는 무엇입니까?
- 삼손은 어떻게 습관적인 죄에 빠졌습니까?

6. 죄에서 승리하는 열쇠

저는 예수님을 믿고, 믿음의 긴 여행을 시작하게 됐습니다. 그것은 마치 보물을 찾기 위해 시작한 배낭여행과도 같았습니다. 이 여행의 중요한 목적은 단 하나의 질문, '어떻게 습관적인 죄에서 승리할 수 있을까?'라는 질문의 답을 찾는 데 있습니다.

믿음의 여정 가운데 처음 찾아 읽은 두 책은 유명한 청교도 신학자 존 오웬(John Owen)의 『내 안에 죄 죽이기』(Mortifications of Sin)와 김남준 목사님의 『죄와 은혜의 지배』라는 책입니다. 이 두 권의 책을 한 단어로 압축하면, 사도 바울과 종교개혁자 존 칼빈이 강조한 '엔 크리스토'(en Christos), 바로 '그리스도와의 연합'에 대한 것입니다. 예수 그리스도와 친밀한 연합, 끈끈한 동행의 삶을 살아갈 때 죄로부터 승리할 수 있다는 것입니다.

그때 이것이 제 머리로 이해가 됐습니다.
'아, 그리스도와 연합의 삶을 살면 죄에서 승리할 수 있구나!'

그러나 제 삶은 여전히 죄에 넘어지는 삶이었습니다. 이유는 간단합니다. 아직 '머리'에서 '마음'으로 내려오지 않았기 때문입니다.

그러다가 또 한 번 제게 '죄에서 승리하는 열쇠'를 찾는 큰 계기가 두 가지 있었습니다.

첫 번째는 청년 집회 때 이용규 선교사님께서 말씀을 전하시는데, 말씀을 듣다가 깨달아지는 것이 있었습니다. 죄에서 승리하는 것은 프로그램도 아니고 제자훈련도 아니고 수많은 봉사도 아니라고 주님께서 제게 속삭이시는 것 같았습니다. '그렇지. 죄에 승리할 수 있는 유일한 길은 예수 그리스도지!'라고 의심하지 않게 되었습니다.

그리고 두 번째 큰 계기가 된 책이 있습니다. 데이비드 그레고리(David Gregory)가 쓴 책 『예수와 함께한 저녁식사2』를 읽고서입니다. 이 책에서 저는 죄에서 승리하는 열쇠를 발견하였습니다. 작가는 상상력을 동원하여 주인공 '닉'이 예수님과 얼굴을 맞대며 인격적인 교제와 대화를 하는 글을 썼습니다.

닉은 종교 생활을 열심히 했지만, 여전히 죄의 지배로 무감각한 삶, 생명력 없는 삶을 살았습니다. 그러던 어느 날 '닉'에게 편지 한 통이 옵니다.

'저녁 식사 자리에 초대합니다.' -J-

닉은 누군지 모른 채 그 자리에 나갔는데, 한 남자가 앉아있었습니다. 그리곤 자신을 다음과 같이 소개합니다.

"내 이름은 예수입니다."

주인공 닉은 너무 어이가 없지만, 그와 식사를 하고 교제하면서 쉴새 없이 많은 질문을 퍼붓습니다.

"하나님이 계신다면 왜 전쟁은 일어나는 거죠? 왜 약자들은 죽는 거죠? 왜 지옥은 있는 거죠? 왜 선악과를 만드셨죠?"

예수님과 헤어진 닉은 혼자 차를 타고 가다가, 갑자기 멈춰버린 차에 당황합니다. 온통 '예수님' 생각뿐이었던 닉이 깜박하고 기름을 넣지 않았던 겁니다. 그때 누군가 기름통을 가지고 터벅터벅 걸어옵니다. 바로 예수님이었습니다. 예수님은 닉의 차에 기름을 넣어주고 조수석에 탑니다. 닉은 예수님을 향해 "왜 이제야 나타나셨어요! 제가 얼마나 예수님을 다시 만나고 싶었는지 아세요?"라고 말합니다.

그리고 둘은 팬케이크를 파는 곳에 가서 커피를 마시며 함께 대화를 나누다가 트럭 운전사와 합석하게 됩니다. 예수님은 트럭 운전사에게 자신을 예수님이라고 드러내지 않고 단지 'J'라고만 소개합니다.

트럭 운전사는 교회도 열심히 다니고, 제자훈련도 하고, 프로그램도 열심히 참여했지만, 자신은 여전히 포르노에 중독되어 헤어나오지 못하고 있다고 이야기합니다. 그리고 포르노 중독에서 벗어날 수도 없을 거로 생각합니다. 그렇게 셋은 헤어집니다.

그리고 닉과 예수님이 다시 차에 올라탑니다. 그때 닉이 예수님을 향해 묻습니다. "그런데 예수님, 정말 죄에서 이기는 방법이 없나요?" 그때 예수님이 "하나 있기는 한데…."라고 말하자, 닉은 예수님께 "말해주세요!"라고 간청합니다. 예수님은 닉의 두 눈을 쳐다보며 이렇게 이야기합니다.

"나예요. 내가 길이예요. 내가 진리예요. 내가 생명이에요."

저는 그때 비로소 오랫동안 찾았던 '답'을 얻은 것 같은 심정이었습니다. 유레카! 이제, 찾았다!

"예수께서 이르시되 내가 곧 길이요 진리요 생명이니 나로 말미암지 않고는 아버지께로 올 자가 없느니라" (요한복음 14:6)

그동안 '죄에서 승리하는 유일한 길은 예수 그리스도구나!'라는 걸 알고 있었습니다. 하지만 마음에서 이 말씀이 믿어지지 않았습니다.

신대원 졸업 여행으로 이스라엘에 갔을 때, 광야에 간 적이 있었습니다. 그곳에서 길을 잃으면 낮에는 더위에, 저녁에는 짐승에 의해서 죽을 수도 있습니다. 그런데 그곳에 예수님 당시 걸었던 길이 보존된 곳이 있었습니다.

예수님 당시 광야에서 길은 구원과도 같은 의미를 주었습니다. 예수님은 자신을 수많은 길 중에 하나라고 말씀하지 않습니다. 헬라어 '호'라는 정관사를 붙였는데, 이 단어는 'a'가 아니라 'the'로 구체적으로 지목하고 있습니다. 예수님은 많은 길 중에 하나의 길이 아니라, 유일한 길, 반드시 통과해야 하는 길, 하나밖에 없는 길이 되십니다.

그래서 예수님만이 우리를 하나님께 인도할 수 있고, 예수님만이 우리를 습관적인 죄로부터 '구출'하실 수 있습니다. 죄에서 승리하는 유일한 길은 오직 예수 그리스도라는 것을 영혼 깊숙이 깨달아 믿을 수 있기를 바랍니다.

*적용 질문
● 당신에게는 죄를 해결하고자 하는 열망이 있나요?
● 예수님께서 오직 하나의 길이 되심이 믿어지나요?
● 당신에게 죄에서 승리하는 유일한 길은 오직 예수 그리스도입니까?

7. 그러나 여전히 죄에 넘어지다

여기서 한 가지 질문을 드립니다. 저는 죄에서 승리하는 열쇠가 '예수님'이라는 것을 발견한 후에 죄에 넘어졌을까요? 안 넘어졌을까요? 안타깝지만 저는 다시 넘어졌습니다.

그런데 이때 저는 굉장히 당황했습니다. 정답을 찾았고, 승리할 수 있을 거라고 확신했는데, 처참하게 사탄에게 그리고 죄로부터 넘어진 겁니다.

그러던 어느 날, 김승회 목사님과 만났던 일이 떠올랐습니다. 목사님은 인도네시아 선교사로 제가 청년 시절에 단기선교를 통해 알게 된 분입니다. 인도네시아 자카르타 공항에서 헤어질 때 선교사님께 이렇게 이야기했습니다. "선교사님, 제 멘토가 되어 주세요."
이후 한국으로 오신 김승회 목사님을 찾아가게 되었고, 커피를 마시며 대화하는데 목사님이 제게 이렇게 물으셨습니다.

"산하야, 예수님이 지금 너와 함께 계시는 것이 느껴지냐?"

저는 어리둥절하여 마음속으로는 "이 목사님 조금 이상하시다….” 이렇게 생각했습니다. 그런데 지하철을 타고 집으로 가는 길에 굉장히 당황스러운 일이 일어났습니다. 지하철에서 하나님의 임재가 물이 바다 덮음같이 저를 완전히 뒤덮었습니다. 어떤 수련회나 집회를 한 것도 아닌데 말입니다.

단지 딱 한 가지 질문, "산하야, 예수님이 지금 너와 함께 계시는 것이 느껴지냐?" 이 질문만 마음속에 새겼는데 말입니다.

이 임재가 나중에 해석되었는데, 목사님께서 하나님과 아주 친밀한 관계를 누리시는 화평의 열매를 제가 먹고 누리고 온 겁니다. 그때 하나님이 나와 함께하심이 온몸으로 믿어지고, 의식되고, 느껴졌습니다. 임마누엘이 머리에서 마음으로 내려오는 시작점이었습니다.

많은 목회자, 선교사님들과 상담도 해보고, 끊임없이 질문하며, 죄에서 승리하는 열쇠를 찾아다녔습니다. 제가 위로받은 것은 영국의 위대한 청교도 신학자인 '조나단 에드워즈'(Jonathan Edwards)도 청년 시절 "어떻게 하나님의 거룩하심을 닮아갈 수 있을까?"라고 끊임없는 고민과 질문을 했다는 것입니다.

그러던 어느 날 선한목자교회를 섬기시는 유기성 목사님의 설교를 듣는데, 요한일서 3장 6절의 말씀이 제 마음속 깊이 들어왔습니다.

> "그 안에 거하는 자마다 범죄하지 아니하나니 범죄하는 자마다 그를 보지도 못하였고 그를 알지도 못하였느니라" (요한일서 3:6)

여기서 '안에'라는 단어는 헬라어로 '엔'(ev)으로 '~안에, ~ 때문에, ~함께'라는 전치사입니다. 그리고 '거하다'라는 단어는 헬라어로 '메노'(mevnw)라는 단어로, '거하다, 살다'라는 의미입니다. 직역하면 '예수님과 함께 사는 사람마다 범죄하지 아니합니다.'라는 뜻입니다.

그때, 저는 말씀을 들으며 깊이 깨닫기 시작했습니다.
'예수님과 함께 사는 사람은 은밀한 죄에서 승리할 수 있구나!'

저는 사람들이 보는 앞에서는 은밀한 죄를 지을 수 없습니다. 왜냐하면 사람들이 저와 함께 있고, 저를 보고 있기 때문입니다. 섬기고 있는 교회 성도의 자녀, 단 한 명만 제 옆에 함께 있어도 저는 핸드폰으로 조금이라도 이상한 것을 볼 수 없습니다. 왜냐하면 그 성도의 자녀가 저와 함께 있고, 저를 쳐다보고 있기 때문입니다.

저는 '하나님이 나와 함께 하신다.'라는 것을 머리로는 알았지만, 정말로 알고 있는 것이 아니었습니다. 머리로 이해했고, 귀로 들었고, 지식으로 알고 있었지 실제로는 믿고 있지 않았습니다. 즉, 주님이 나와 함께하신다는 것이 머리에서 마음으로 내려온 것이 아니었습니다.

그래서 혼자 있을 때는 아무도 없다고 생각하고 은밀한 죄에 넘어졌던 것입니다. '아, 내가 함께하시는 주님을 실제로는 믿지 않고 있었구나.'라는 것을 깨달았습니다.

그리고 제 기도가 바뀌기 시작했습니다. 예전에는 죄를 지으면 '하나님, 저의 죄를 용서해주시고, 깨끗하게 씻어주십시오.'라고 기도했습니다. 그러나 제 기도는 이렇게 바뀌기 시작했습니다.

"주님, 이제 제가 습관적인 죄에서 승리하게 해주세요. 주님, 저와 함께하시는데 그것을 머리가 아니라, 실제로 믿게 해주세요. 주님이 저와 함께하심을, 믿음의 눈이 열려 바라볼 수 있도록 은혜를 허락해주세요."

주님은 제가 주님을 찾을 때마다 끝없는 용서와 사랑을 베풀어 주셨습니다.

제가 아들을 낳고 키우면서 하나님 아버지의 깊은 사랑을 아주 조금씩 깨닫기 시작했습니다. 만약 아들이 제게 100번 실수한다면 저는 제 아들을 101번 용서해줄 것입니다. 왜냐하면 제 자녀이기 때문입니다. 무조건적인 사랑으로 끝까지 용서해줄 것입니다. 이 아이는 제가 너무나도 사랑하는 아들이기 때문입니다. 저와 같은 불완전한 아빠도 아들을 끝까지 용서하는데, 완전하신 하나님 아버지께서 우리를 끝까지 용서해주시지 않겠습니까? 하나님께서는 무한한 사랑으로 우리를 끝까지 용납하십니다.

그러나 저는 여전히 '죄를 짓지 않는 기간만' 다소 연장됐을 뿐 '다시' 죄를 지었습니다. 결혼하고 신혼 초에 다시 음란물을 습관적으로 틀었습니다.

그때 주님께서 마음의 찔림을 주셨습니다.
"아내에게 죄를 고백하고 함께 기도해라."

저는 주님께서 주시는 마음이어서 너무 고통스럽고 괴로웠습니다. "주님, 제 아내가 제게 너무 큰 실망을 하지 않겠습니까? 저는 할 수 없습니다."

그러나 계속 주시는 마음에 순종하고자 너무 부끄럽지만 아내에게 제 죄를 고백했습니다. "여보, 내가 이런 죄를 지었어요. 저를 용서해주세요. 그리고 저를 위해서 기도해줘요. 내가 만약 이와 같은 습관적인 죄에서 승리하지 못한다면, 나는 목회자의 길을 가지 않을 거예요. 아니, 목회자의 길을 갈 수 없어요. 왜냐하면 설교하는 것과 제 삶이 다르다면 저는 삯꾼이고, 수많은 사람을 잘못된 길로 인도하기 때문이에요."

아내는 저를 바다와 같은 사랑으로 용서해주었고, 파도와 같은 사랑으로 제 죄를 덮어주었습니다. 저희 부부는 눈물을 흘리며 서로를 안아주고, 서로를 위해 기도해주었습니다. 회개는 슬픈 것이 아니라, 기쁜 것이었습니다.

헬라어로 회개는 '메타노에오'입니다. '함께'라는 의미의 '메타'(meta)와 '동침하다'라는 뜻을 지닌 '노에오'(noia)의 합성어입니다. 회개에 왜 '동침하다'는 말씀이 있을까요? 부부가 죄에 넘어지고, 싸우고 관계가 깨졌는데, 서로를 향해 회개하고, 다시 부부의 관계, 친밀한 사랑의 관계로 들어가는 것은 고통을 넘어 다시 사랑과 행복의 관계로 들어가는 것입니다.

그래서 회개는 기쁘고 황홀한 것입니다. 회개는 예수님과 동침하는 황홀하고 행복한 연합으로 다시 들어가는 기쁨입니다.

사도 바울은 '임마누엘'이 머리에서 마음으로 내려오기를 기도했습니다.

> "믿음으로 말미암아 그리스도께서 너희 마음에 계시게 하시옵고 너희가 사랑 가운데서 뿌리가 박히고 터가 굳어져서"
> (에베소서 3:17)

그러면 어떻게 예수님이 우리 안에 임마누엘 하나님으로 임재하실 수 있을까요? 우리는 날마다 말씀을 읽으며 객관적 진리를 얻습니다. 또한 기도를 통하여 그리스도께서 내 안에 계심을 인정하며 교제하며 고백하는 사귐으로 나아가야 합니다.

영국 청교도 신학자인 토마스 굿윈(Thomas Goodwin)이 길을 걷다가 어떤 아빠가 아들을 꼭 안아주는 것을 봤습니다. 그리고 또 길을 걷다 보니 또 다른 아빠가 자신의 아들을 품에 안고 뽀뽀하며 사랑한다고 말하고 있는 모습을 보았습니다.

객관적인 사실은 무엇입니까? 굳이 사랑한다고 말하지 않아도 둘은 이미 아빠와 아들의 관계입니다. 아들에게 입 맞추고 사랑한다고 말할 때 아들은 '더' 아들이 됩니까? 그렇지 않습니다.

그러나 아빠가 아들을 안아주고, 입 맞추고, 사랑한다고 말할 때 아들은 생각할 겁니다. '아, 아빠가 나를 진짜로 사랑하시는구나.' 그 사랑이 뿌리내려 실질적인 경험으로 다가옵니다.

주님이 우리와 함께하심을 머리로 아는 것과 주님이 우리와 함께하심이 실제로 마음속 깊이 믿어지는 것은 하늘과 땅 차이입니다. 당신은 어떠한가요?

*적용 질문
● 당신은 죄에서 승리하기를 갈망하는 마음이 있습니까?
● 당신의 문제나 고민을 오픈해서 누군가에게 말한 적이 있나요?
● 당신의 삶에 예수님이 함께 하신다는 것을 믿는 믿음이 머리로 아는 지식입니까? 마음으로 믿고 있는 실재인가요?

8. 주 예수와 동행하니

저는 한국교회에 내로라하는 목사님들이 무너지는 모습을 보며 참 두려웠습니다. 아내와 묵상하고 기도하면서 이런 고민을 나눴습니다. "여보, 나도 무너지는 목회자가 될까 두려워요."

그때 아내가 제게 이런 말을 했습니다. "진짜 왕이신 예수님과 동행하면 되지! 진짜 왕이신 예수님을 24시간 바라보면 되지!" 저는 이 말이 하나님의 음성처럼 들려왔습니다.

여기서 포인트는 '진짜'입니다. 가짜로 연극 하듯이 예수님과 동행을 외치기만 하고, 무늬만 예수님과 동행한다면 삶의 변화는 없습니다. 그러나 진짜 왕이신 예수님을 24시간 바라보며 생생하게 동행할 때, 제 삶은 변질되지 않고 승리할 것으로 생각하였습니다.

또한 계속해서 죄에서 승리하기를 갈망하며 히브리서 12장 2절의 말씀을 묵상하고 연구하면서 끊임없이 믿음의 실험을 도전했습니다.

"믿음의 주요 또 온전하게 하시는 이인 예수를 바라보자"
(히브리서 12:2a)

여기서 '예수를 바라보자'라는 헬라어의 시제는 현재분사로 '계속해서 ~하다'입니다. 즉 원어를 직역하면 '믿음의 시작이고 또 믿음을 온전하게(완전하게) 하시는 이인 예수를 계속해서 바라보자'라는 것입니다.

그래서 영어 성경도 'Let us watch our eyes on Jesus'라고 번역하지 않고, 'Let us fix our eyes on Jesus'라고 번역했습니다. 유기성 목사님은 이것을 "24시간 예수를 바라보자!"라고 말씀하셨습니다.

<24시간 예수를 바라보자!>

위의 그림과 같이 믿음의 시작은 하나님께서 주시는 전적인 은혜로 시작됩니다. 죄에서 넘어질 수 있는 작은 믿음이지만, 예수님을 24시간 계속해서 바라보는 삶을 살 때, 우리의 믿음이 순교하는 온전한 믿음까지 자라나게 되는 겁니다.

예수님께 직접 배운 수제자 베드로는 "주는 그리스도시요 살아계신 하나님의 아들입니다!"(마 16:16)라고 고백했습니다. 하지만 베드로는 예수님을 부인하며 배신합니다. 그럼에도 불구하고 베드로는 그 믿음에서 끝나지 않았습니다.

베드로는 삶의 가장 끝에서 십자가에 거꾸로 매달려 순교하는 '온전한 믿음'까지 자랐습니다. 성경은 순교하는 믿음까지 자라나는 열쇠가 예수님을 24시간 바라보는 데 있다고 말씀합니다.

스데반 집사님도 순교할 수 있는 온전한 믿음을 가질 수 있었던 열쇠는 성령으로 충만하여서 예수님을 계속해서 바라보는 믿음을 가졌기 때문입니다.

> "스데반이 성령 충만하여 하늘을 우러러 주목하여 하나님의 영광과 및 예수께서 하나님 우편에 서신 것을 보고"(사도행전 7:55)

저는 여기서 멈추지 않고 히브리서 12장 2절의 말씀을 "예수님을 24시간 바라보라!"라고 해석하는 것이 신학적으로 바른 지 끊임없이 교수님들에게 질문하기 시작했습니다. 헬라어에 능통하신 신약 교수님께 찾아가 "교수님, 히브리서 12장 2절의 시제가 현재분사로 '계속해서 ~하다'인데 이것은 24시간 예수님을 바라보라고 해석할 수 있습니까?"라고 질문했을 때 모두 한결같이 대답해주셨습니다.

"네, 24시간 예수를 바라보자고 해석할 수 있습니다!"

덴버신학대학교에서 조직신학을 가르치시는 정성욱 교수님도 다음과 같이 말씀하고 있습니다.

"주님과 함께 24시간 동행하며, 주님과 소통하며, 주님과 교제하며, 주님과 동행하고, 주님과 함께 먹고 마시는 것, 바로 그것이 영생이다. 참된 복음은 반드시 이런 사람을 산출하고, 죄인의 괴수를 이런 사람으로 변화시킨다. 예수님과 24시간 날마다 동행하며 살게 돼 있다."[3]

우리는 예수님께서 사복음서에서 가장 핵심적으로 설교하신 '하나님의 나라'를 생각할 때, 죽어서 가는 하나님의 나라만 생각하는 경우가 있습니다.

그러나 예수님께서는 하나님의 나라를 크게 두 가지 뼈대를 갖고 말씀하셨습니다. 하나는 예수님께서 재림하실 때 완성될 하나님

---

3) 정성욱. 정성욱 교수의 한국교회, 이렇게 변해야 산다. 147, 235. 큐리오스북스. 2018.

의 나라입니다(마 25:31). 또 다른 하나는 '이미' 하나님의 나라가 우리에게 임했다는 것입니다.

> "바리새인들이 하나님의 나라가 어느 때에 임하나이까 묻거늘 예수께서 대답하여 이르시되 하나님의 나라는 볼 수 있게 임하는 것이 아니요 또 여기 있다 저기 있다고도 못하리니 하나님의 나라는 너희 안에 있느니라" (누가복음 17:20-21)

한 번 이 그림을 상상해보시겠습니까?

바리새인들이 예수님께 하나님의 나라가 언제 임하는지 물어봅니다. 제자들과 바리새인들이 있을 때 예수님께서는 "하나님 나라는 너희 안에 있느니라"라고 말씀하십니다. 여기서 '너희 안에'라는 헬라어 '엔토스'는 두 가지 의미가 있습니다.

첫째는 'among you' 즉 너희들 모임 중에 이미 하나님의 나라가 임했다고 말씀하시는 겁니다. 무슨 말입니까? 바로 진짜 왕이신 예수님이 그 모임 중에 함께 계시니 그곳이 이미 하나님의 나라라는 것입니다. 예수님이 있으신 그곳이 하나님의 나라입니다.

둘째는 'in you' 즉 지금 예수님을 믿는 너희 마음 안에 이미 계신다는 말씀입니다. 진짜 왕이신 예수님이 우리 마음속 안에 이미 임했으니 우리가 밟는 모든 곳이 하나님의 나라인 겁니다.

왜일까요? 예수님이 있으신 그곳이 하나님의 나라이기 때문입니다. 이 땅에 여전히 죄도 있고, 아픔도 있고, 질병도 있고, 이별도 있고, 눈물도 있지만 주 예수와 동행하니 그 어디나 하늘나라입니다. 이 믿음의 눈이 열릴 때 주 예수님과 동행하며 하나님의 나라를 이 땅에서 누리며 살 수 있는 겁니다.

제가 아내를 처음 만났을 때, 제 아내는 선교단체 간사로 섬기고 있었고 싱글 중국 선교사의 꿈을 갖고 있었습니다. 그러다 저를 만났습니다. 저는 마치 선녀와 나무꾼처럼 아내의 날개옷을 꼭꼭 숨겨놓고 결혼했습니다.

그런데 아내가 첫째 아이를 낳은 뒤 자신의 정체성 때문에 많은 시간을 힘들어했습니다. '나는 누구인가?' 아내는 선교사의 꿈, 선교단체 간사의 생활을 내려놓고 한 아이의 엄마가 되는 시간이 쉽지 않았습니다. 마치 자기 삶이 없어지는 것 같다고 했습니다.

그래서 아이를 일찍 어린이집에 보내고, 아내는 그때부터 열심히 일하기 시작했습니다. 많은 젊은 엄마들이 육아하면서 우울증에 빠지기도 하고, 힘든 시간을 보내기도 한다는 말을 익히 들은지라 저도 아내가 하고 싶은 일을 할 수 있도록 지지했습니다.

그런데 저도 신대원을 다니고 있었던 때라 낮에는 수업을 듣고 저녁에는 육아하면서 공부와 과제를 하고 주말에는 파트 전도사로 사역해야 하니 육아가 정말 힘들다는 말을 실제로 체감할 수 있었습니다. 하지만 조금이나마 아내가 감당했을 육아의 압박과 스트레스를 제가 대신 짊어지고 싶었습니다.

그러면서 제 마음에 한 가지 의문이 들었습니다.

'정말 예수님과 동행하면 하나님의 나라를 누릴 수 있을까? 이렇게 힘든데? 예수님 한 분으로 충분히 행복할 수 있을까?'

삼 년이 지나고, 아내가 둘째를 임신했을 때 저희 부부는 오랫동안 기도했던 '예수동행일기 세미나'에 참여하게 되었습니다. 아내가 예수동행일기 세미나에서 돌아오는데 정말 아내의 얼굴이 확 바뀌어있었습니다. 마치 모세의 얼굴에 광채가 나듯 아내의 얼굴에 광채가 났습니다.

그때 저는 알았습니다. '아, 예수님과 동행하면 하나님의 나라를 누릴 수 있구나. 행복의 원천이 환경에 있지 않고, 사람에 있지 않고, 돈에 있지 않구나! 행복의 원천이 예수님께 있구나!' 하고 깊이 깨달았습니다.

팀 켈러(Timothy Keller) 목사님의 책 『고통을 답하다』의 원제목은 'Walking with God through Pain & Suffering'입니다. 즉, 고통과 괴로움을 통해 하나님과 동행하는 것에 대해 말하고 있습니다.

우리는 고통과 괴로운 일을 만나면 그러한 순간이 너무 괴롭고 힘들어서 어떻게든 벗어날 생각뿐입니다. 그래서 이 순간을 예수님과 동행한다고? 상상도 할 수 없고 믿어지지도 않습니다. 오히려 예수님과 동행한다면 나에게 고통과 슬픔을 주는 사건들은 있으면 안 될 일이라고 생각합니다.

팀 켈러(Timothy Keller) 목사님은 이렇게 말합니다. 요셉은 고통당하고 있는 그 순간만 바라보는 것이 아니라 거시적 관점을 가지고 하나님의 눈으로 자신의 삶 전체를 봤습니다. 그래서 요셉은 그 모든 순간에 하나님이 함께하심을 믿을 수 있었습니다.

요셉이 그러했다면, 우리도 믿음의 눈으로 바라볼 수 있습니다. 지금 당장 힘든 이 순간들을 벗어나게 해 달라는 것이 우리의 기도

이지만 이 순간에도 하나님께서 우리와 함께하심을 경험하는 순간들이 되도록 기도할 수 있습니다.

*적용 질문

● 예수님을 24시간 바라보며 살아간다는 것이 무엇을 의미합니까?

● 하나님의 나라가 어디에 있습니까? 두 가지로 이야기해 보세요.

● 당신은 예수님과 24시간 동행하며 천국을 맛보기 원하십니까?

9. 죄에서 승리하다!

주 예수님과 24시간 동행하면 그 어디나 하늘나라라는 찬양이 있습니다. 이런 찬양을 우리가 삶 속에서도 부를 수 있을까요?

저는 믿음의 확신을 가지고 도전을 시작했습니다. 아침에 일어나서도 '예수님!', 오전에 일할 때도 '예수님!', 점심을 먹을 때도 보이지 않는 분을 보이는 분처럼 여기고 예수님과 함께 식사하는 것처럼 여기기 시작했습니다(계 3:20). 사람들을 만날 때, 빈 의자를 옆에 두고 예수님을 옆에 모시듯이 사람들을 만났습니다. 혼자 있을 때도, 함께 계시는 예수님을 생각하고 또 생각했습니다.

예수님과 24시간 동행한다는 것은 예수님을 항상 그리고 자주, 계속해서 '생각'하는 것입니다(히 3:1).

그러던 어느 날, 집에 혼자 있을 때 제 안에 죄의 유혹이 들어왔습니다. 그리고 노트북을 열어서 죄의 유혹에 반응하려는 순간 제가 입 밖으로 이렇게 고백했습니다.

'아, 죄를 지을 수 없구나!'

왜냐하면 저와 함께 계시는 주님이 너무나 선명하게 믿어졌기 때문입니다. 예수님과 동행하고 있음을 믿고 하루하루를 살아가다 보니 내 열심을 가지고 죄를 이긴 것이 아니라 '그냥, 저절로' 죄를 지을 수 없게 되었습니다.

예수님을 24시간 바라보는 믿음의 실험을 도전하기만 했는데, 제 믿음이 조금씩 자라기 시작한 것입니다. 혼자 있을 때, 예수님이 제 옆에 아주 선명하게 '함께'하시는 것이 믿어졌습니다. 보이지 않지만, 정말 보이는 분처럼 믿어지기 시작했습니다(히 11:27). 그리고 예수님이 의식되고, 느껴지기까지 했습니다. 마치 부활하신 주님이 제 옆에 선명하게 서 계시는 것 같았습니다.

제가 열심히 허벅지를 찌르면서 죄를 이기려고 노력한 게 아닙니다. 믿음의 눈이 열려서 함께 계시는 주님이 정말 믿어진 겁니다. 학생 한 명이 제 옆에 있으면 함께 있기 때문에 죄를 지을 수 없는 것과 같이, 주님이 제 옆에 함께 계시는 것이 분명하게 믿어져서 저는 그냥 노트북을 닫고 죄를 지을 수 없다고 고백했습니다.

저는 죄에서 승리하는 열쇠를 지식이 아니라 정말 믿음으로 찾게 되어 감격하고 또 감사했습니다. 주님이 저와 함께하심이 지식에서 마음으로 내려온 순간이었습니다.

여러분 한번 생각해보시겠습니까? 여러분이 섬기시는 교회 담임 목사님이 함께 자리에 앉았는데 술 한잔할 수 있겠습니까? 목사님이 함께 계시는데 옆에서 음란한 것을 보면서 죄를 지을 수 있겠습니까? 목사님이 함께 계시는데 누군가를 욕하고 미워할 수 있겠습니까? 예배 시간에 사람들이 다 나를 보고 있는데 그 자리에서 죄를 지을 수 있겠습니까?

아무도 죄를 지을 수 없습니다!

이 뉘앙스를 잘 기억해 주십시오. 죄를 짓지 않으려고 노력하는 게 아닙니다. 죄를 지을 수 없게 된 것입니다! 이 말은 우리 모두에게도 죄를 제어할 수 있는 '능력'이 있다는 것입니다. 그러므로 우리가 계속해서 습관적인 죄에 반복적으로 넘어지고 있다면, 그것은 우리와 함께 계시는 주님을 실제로는 믿고 있지 않기 때문입니다.

그러므로 꼭 기억해주십시오.

습관적인 죄에서 승리할 수 있는 유일한 길은 함께 계시는 주 예수님을 계속해서 바라보는 것입니다.

창세기 39장에서 요셉은 열심히 노력해서 보디발 아내의 유혹에서 승리한 것이 아닙니다. 요셉은 함께 계시는 주님이 분명하게 믿어진 겁니다. 요셉은 '내가 어찌 주인 보디발에게 죄를 짓습니까!'라고 말하지 않습니다.

> "이 집에는 나보다 큰 이가 없으며 주인이 아무것도 내게 금하지 아니하였어도 금한 것은 당신뿐이니 당신은 그의 아내임이라 그런즉 내가 어찌 이 큰 악을 행하여 하나님께 죄를 지으리이까"
> (창세기 39:9)

요셉은 "내가 어찌 이 큰 악을 행하여 '하나님께' 죄를 지으리이까."라고 고백합니다. 요셉은 항상 코람데오(Coram Deo) 즉, '하나님 얼굴 앞에서' 살았습니다. 그래서 창세기 39장에는 '하나님께서 요셉과 함께하셨다.'라는 말씀이 무려 네 번이나 반복됩니다(창 39:2,3,21,23). 요셉은 자신의 삶에 현존하시는 하나님(in the presence of God)을 모시고 살았습니다. 여러분은 어떻습니까? 거룩한 임재 가운데 살고 있습니까?

한 목사님을 통해 들은 이야기입니다. 목사님과 함께 제자훈련을 하신 성도님이 수료하시면서 이런 고백을 하셨습니다. 자신이 20년 동안 끊지 못한 습관적인 죄가 있었다는 겁니다. 죄를 끊어보려고 노력했지만, 도무지 끊어지지 않았다는 겁니다. 그런데 20년 동안 절대로 끊어지지 않던 습관적인 죄가 끊어졌다고 고백한 겁니다.

그래서 목사님께서 성도님께 여쭤봤습니다. "어떻게 20년 동안 끊어지지 않던 습관적인 죄에서 승리할 수 있었습니까?" 성도님은 목사님께 이렇게 대답하셨습니다.

"주님이 저와 함께 계심이 깨달아졌습니다. 주님이 저와 함께 계심이 믿어졌습니다. 그 이후로 주님 앞에서 도무지 죄를 지을 수가 없었습니다."

성도님은 자신이 죄를 끊어보려고 모든 노력과 수고를 해봤지만, 습관적인 죄에서 벗어날 수 없었습니다. 그러나 예수님 때문에 죄가 끊어진 겁니다. 예수님이 함께 계심이 분명하게 믿어진 뒤로 죄의 노예로 살아가지 않게 되었습니다.

저는 청소년들에게 제자훈련을 통해 예수님과 친밀하게 동행하기를 설교하고 가르쳤을 때 목표는 단 하나였습니다. "우리도 요셉처럼 살아보자!" 그리고 학생들이 쓴 예수동행일기입니다.

2020년 6월 21일 A학생
집에 걸어오는 길에 하나님을 불러봤다. 그때 하나님께서 누구보다도 나를 잘 아시고 나를 위로해 주시는 느낌이 들었다.

2020년 6월 30일 A학생
쌓여있는 수행을 보면서 근심이 몰려올 때, 세상의 유혹이 나를 넘어뜨리려 할 때, 하나님의 이름을 외치며 마귀를 대적한다. 세상 가운데서 하나님을 부르며 하나님께 나아가야겠다.

2020년 6월 27일 B학생
오늘 제자훈련 첫 나눔을 가졌다. 나눔을 하면서 '나는 오늘 하루 동안 예수님과 함께했나? 그 음성을 듣고 감사하였었나?'라는 생각을 했다. 내가 타인과 함께 길을 걷고 함께 있을 때에는 주고받는 교제의 시간이 존재한다. 하물며 말이 안 통하는 동생에게도 대화를 시도하는데, 내가 '예수님과 24시간 함께 있다.'라고 고백하면서 제대로 된 대화의 시간이 있었나? 예수님을 내 앞에 모시고 한 시간이라도 있었나? 이런 질문이 들었다. 답은 역시나 아니다. 나는 내가 동행하기를 원한다고 하면서 정작 하나님과의 대화를 끊어버린다. 이런 동행이 아닌 진심으로 하나님과 대면하고 소통하고 감사하며 진정한 동행의 길로 걸어가고 싶다.

저는 10대 때부터 주님과 동행하는 것을 보면서 이들이 얼마나 놀랍게 하나님과 친밀한 삶을 누리며 살아가게 될지를 기대합니다. 앞으로 살아갈 날이 더 많은 청소년입니다. 그래서 청소년과 청년의 시기에 예수님과 동행한다는 것은 세상 그 어디에서도 얻을 수 없는 큰 복입니다.

다윗도 늘 주님을 바라보았습니다. 그래서 다윗은 '그물' 곧 죄의 덫에서 벗어나는 삶을 살았습니다.

"내 눈이 항상 여호와를 바라봄은 내 발을 그물에서 벗어나게 하실 것임이로다" (시편 25:15)

그런데 다윗도 밧세바와 동침하고 우리아를 죽이는 죄를 지었습니다. 다윗이 죄에 넘어지게 된 것은 다윗이 의지가 약해서가 아닙니다. 함께 계시는 주님을 바라보지 않았기 때문에 죄에 넘어진 것입니다. 밧세바를 범할 때 다윗은 하나님을 생각하지 않았을 것입니다. 그러므로 습관적인 죄에서 승리할 수 있는 유일한 길은 함께 계시는 주 예수님을 계속해서 바라보는 것입니다.

*적용 질문

● 예수님이 나와 함께 하심을 믿는다는 것은 무슨 말입니까?

● 요셉은 어떻게 죄에서 승리할 수 있었습니까?

● 습관적인 죄에서 승리할 수 있는 길은 예수님을 계속해서 바라보는 겁니다. 이 말을 들을 때 당신의 마음은 어떻습니까?

PART 3

내가 죄짓지 않게 해줄게!

10. 주님 실패했어요

성령 충만함으로 주 예수님을 24시간 바라보지 않으면 넘어집니다. 또 습관적인 죄에 빠질 수 밖에 없습니다. 다윗처럼 한 순간이라도 주님을 바라보지 않으면 바로 죄에 넘어집니다. 그리고 이것은 누구에게나 해당합니다. 죄를 이기는 비결은 나 자신에게 소망이 있는 것이 아니라, 예수님에게만 소망이 있기 때문입니다.

어제는 예수님을 바라보았지만, 오늘 예수님을 바라보지 않으면 우리는 곧바로 넘어집니다. 내 힘, 내 지식, 내가 만든 환경으로 되는 것이 아닙니다. 우리는 실패할 수밖에 없습니다.

위대한 설교자 찰스 스펄전(Charles Haddon Spurgeon)도 이런 말을 했습니다.

"나는 15분만 예수님을 잊어도 타락한다."

찰스 스펄전 목사님에게 소망이 있는 것이 아닙니다. 찰스 스펄전 마음 안에(in) 계시는 그리스도께 소망이 있는 겁니다. 그래서 매일 매일 꾸준히, 24시간 주 예수님과 동행해야 하는 이유가 여기에 있는 것입니다.

한 선생님이 쓰신 시가 제게 대단히 큰 감동을 주었는데, 각색해서 다시 써봤습니다.

"한 학생이 선생님 앞에 망가진 종이를 가지고 옵니다.
선생님 이번 건 망쳤어요. 제게 새 종이가 있나요?
선생님은 '새 종이'를 주시며 말씀하십니다.
다시 한번 잘해 보렴."

저는 주님 앞에 망쳐버린 하루를 가지고 나갑니다.

"주님 오늘은 망쳤어요. 제게 새날이 있나요?
주님은 제게 '새날'을 주시며
모든 순간을 나와 함께해보렴. 내가 죄짓지 않게 해줄게!"

'율법'은 우리에게 '죄를 짓지 마!'라고 이야기합니다.
명료하고 분명하며 단호합니다.

그러나 '복음'은 '죄를 짓지 않게 해줄게!'라고 말합니다.
그것이 요한일서 3장 6절을 직역한 내용입니다.

"예수님과 함께 사는 자마다 범죄하지 아니합니다."

어느 날 자동차 타이어가 마모되어서 교체하려고 의정부에 갔다 오는 길이었습니다. 차가 없는 것을 보고 도로 중앙선을 가로질러 갔습니다. 그때 경찰이 "후후~ 차 오른쪽에 대세요."라고 사이렌을 울렸습니다.

저는 갑자기 너무 부끄러워졌습니다.
'내가 목사가 맞나?'

마치 아버지가 사랑하는 아들이 잘못했을 때 매를 세게 든 것 같았습니다. 사랑하는 아들이 정말 바르게 크기를 원하는 아버지의 사랑이었습니다. 입으로는 예수님과 동행을 말하지만, 실제로 운전하면서는 함께 계시는 예수님을 바라보지 않았습니다.

그때 저는 주님 앞에 이렇게 기도했습니다.

"주님, 오늘 하루 정말 망쳤어요. 너무 부끄러워요.
 주님 제게 새날이 있나요?"

그때 주님은 제게 '새날'을 주시며

"산하야, 나와 모든 순간을 함께해보렴, 내가 죄짓지 않게 해줄게."(요일 3:6)라는 마음과 말씀을 주셨습니다.

저에게 변화된 것이 무엇인지 아십니까? 사탄 원수는 제게 와서 정죄하고 고발합니다. "네가 목사냐? 이런 죄지은 것을 성도들이 알면 너를 존경하겠냐?"

그러나 저는 저 자신을 신뢰하지 않습니다. 이제는 제 육신보다 비교할 수 없이 크신 예수님을 바라봅니다. 제 육신보다 크신 하나님의 약속을 바라봅니다.

"예수님과 함께 사는 사람은 범죄하지 않습니다."
(요일 3:6 직역)

'나는 넘어졌지만, 다시 모든 순간 예수님과 함께하면 나는 다시 승리하는 삶을 살 수 있다!'라고 확신합니다. 이것이 제게 가장 큰 변화입니다.

'인간은 죄를 지을 수밖에 없는 거야.'라고 말하는 사람들은 모두 다 똑같습니다. 예수님보다 자기 육체를 더 크게 보는 겁니다. 하나님의 신실하신 약속보다 자기 육체를 더 크게 보며 일반화합니다. 죄를 지어도 어쩔 수 없다고 핑계를 대고 타당한 이유를 둘러 댑니다.

그러나 자기 육체보다 더 크신 예수님, 그분의 신실한 약속을 붙잡을 때 우리는 원수의 정죄로부터 승리할 수 있습니다. 저는 제가 넘어질 때마다 요한일서 3장 6절의 말씀을 크게 외칩니다.

"원수야, 나는 너에게 지지만 예수님은 너를 가볍게 이기신단다. 원수야, 모든 순간 예수님과 함께한다면 나는 다시 죄에서 승리하는 삶을 살 수 있다! 나는 나의 육신을 신뢰하지 않고 나보다 크신 예수님과 그분의 약속을 붙들 것이다."

이 시점에서 여러분에게 중요한 질문을 드리겠습니다. 여러분은 '모든 순간 예수님과 함께하면 죄에서 승리할 수 있어!'라고 생각하십니까? 아니면 여전히 '아니야, 그래도 죄는 이길 수 없어.'라고 생각하십니까?

제게는 4살 터울의 남동생이 있습니다. 남자 동생이 있는 분들은 아시겠지만, 남동생이 있으면 운동이나 게임 등을 자주 합니다. 그럴 때마다 저는 동생을 늘 이겼습니다. 그리고 은연중에 동생 머릿속에 '형을 절대 이길 수 없어.'라는 생각을 심어 놓았습니다.

성인이 된 동생은 저보다 키도 크고, 몸도 좋고, 근육량도 훨씬 많습니다. 하지만 지금 팔씨름해도 여지없이 제가 이깁니다. 왜냐하면 동생 마음속에 '형을 절대 이길 수 없어.'라는 마음이 뿌리박혀 있기 때문에 그렇습니다.

웃고 넘길 수 있는 이야기지만, 실제로 코끼리를 조련하는 방법도 비슷합니다. 새끼 코끼리 발에 밧줄을 묶어 놓고 '넌 절대 이걸 끊을 수 없다.'라는 생각을 심어놓습니다. 그러면 코끼리가 몸이 커져서 발에 묶인 밧줄을 풀 수 있는 충분한 힘이 생겼을 때도 코끼리는 스스로 '난 절대 이걸 끊을 수 없어.'라고 생각하기 때문에 도망가지 않습니다.

원수는 성도들의 삶 속에 계속 반복적으로 넘어지는 죄를 보고 '넌 절대로 죄에서 승리할 수 없어!'라고 속삭입니다. 그리고 성도들은 계속 죄에 넘어지고 있는 자신을 보면서 포기하려고 합니다. '그래, 난 죄에서 승리할 수 없어.'라는 생각에 자포자기합니다.

그렇다면 두 번째 질문을 드리겠습니다.

여러분은 자신의 삶과 경험을 믿으십니까? 아니면 성경을 믿으십니까? 그리스도인이라면 '성경을 믿습니다.'라고 말할 것입니다.

그러니 다시 생각하고 대답하시기를 부탁드립니다.

여러분은 정말로 자기 삶과 경험이 아니라 성경을 믿으십니까? 우리는 머리와 말로는 성경을 믿는다고 하지만, 우리의 경험을 믿는 경우가 대단히 많습니다.

저도 마찬가지였습니다. 제 삶은 다시 죄에 넘어졌지만, 저는 제 삶과 경험을 믿지 않고 '성경'을 믿기로 했습니다. 여러분도 결정하셔야 합니다. 여러분의 삶과 경험을 신뢰하시겠습니까? 아니면 정말로 성경을 신뢰하고 믿음의 실험을 계속해 나가시겠습니까?

저는 성경을 신뢰하고 계속해서 믿음의 실험을 해 나가겠습니다.

죄에 넘어졌을 때 우리는 어떻게 해야 합니까? 죄에 넘어졌을 때, '다시' 함께 계시는 주 예수님을 계속해서 바라봐야 합니다. 주님은 우리를 향해 이렇게 이야기해주십니다.

"나와 모든 순간을 함께해보렴, 내가 죄짓지 않게 해줄게!"

(요일 3:6)

*적용 질문

● 죄에 넘어졌을 때 기억해야 할 말씀은 무엇입니까?

● 코끼리를 조련하듯 우리 마음에 사탄이 심어놓은 것은 무엇입니까?

● 당신은 성경의 약속을 신뢰합니까? 아니면 자기 자신을 신뢰합니까?

11. 어떻게 해야 예수님과 생생하게 동행할 수 있을까?

배우 차태현 씨가 출연한 〈헬로우 고스트〉라는 영화가 있습니다. 주인공은 어렸을 때 사고로 가족들을 잃고 혼자 남아 외롭고 공허해 자살하려고 합니다. 그때 할아버지 귀신, 아저씨 귀신, 아줌마 귀신, 어린이 귀신이 나타나 자살하는 것을 막습니다. 이때부터 차태현은 귀신들과 동고동락하게 됩니다. 다른 사람 눈에는 보이지 않고 자기 눈에만 귀신들이 보이니 이 우스꽝스러운 상황을 잘 연출했습니다.

그러다 영화 마지막 즈음 차태현이 김밥을 먹다가 어렸을 때 모든 기억이 스쳐 지나갑니다. 바로 할아버지와 아저씨, 아줌마, 꼬맹이 귀신들이 자신의 아빠, 엄마, 할아버지, 그리고 형이었던 것을 알게 됩니다. 항상 혼자였다고 생각하며 외롭게 살던 차태현과 달리 그의 곁에는 가족들이 함께하고 있었습니다. 영화이기는 하나 가족들은 자신들을 알아보지 못하는 차태현이 얼마나 안타까웠을까요?

그런데 우리 주님도 우리를 바라보실 때 답답하시겠다는 생각이 듭니다. 주님이 우리와 분명하게 함께하시는데, 우리의 눈은 가려져서 주님을 알아보지도, 의식하지도 못하니 말입니다. 영화는 만

들어진 이야기이지만 주님은 이미 우리와 함께하십니다. '이미' 우리와 함께하십니다! 우리의 믿음의 눈이 열려야 할 이유입니다.

한근영 사모님의 『나는 기도하기로 했다』라는 책의 한 부분이 제 마음에 깊이 다가왔습니다. "어떤 이유에서든 기도가 멈춰지는 순간, 우리는 영에 대한 감각이 둔해지면서 나를 당장에 위로해 줄 세상의 것들을 찾게 된다. 그 결과 그것이 끝내 덫이 되어 우리를 삼켜버린다. 고난이 우리를 망하게 하는 것이 아니라 염려로 인해 우리가 찾은 다른 것들이 우리를 망하게 하는 것이다."[4]

우리는 세상의 것으로 끊임없는 위로를 간구하지만, 세상은 우리에게 덫이 됩니다. 그래서 '세상'이라는 수건이 영적인 눈을 덮어버린 것 같았습니다. 그런데 중요한 점은 영적인 눈이 열리는 '원리'가 있다는 겁니다. 그 원리가 바로 '말씀과 기도'입니다. 말씀과 기도를 통해 믿음의 눈이 열릴 때 24시간 예수님을 바라보는 삶을 살 수 있습니다.

> "그들이 서로 이야기하며 문의할 때에 예수께서 가까이 이르러 그들과 동행하시나 그들의 눈이 가리어져서 그인 줄 알아보지 못하거늘" (누가복음 24:15-16)

---

4) 한근영. 나는 기도하기로 했다. 49. 규장. 2022.

부활하신 예수님께서 엠마오로 가던 두 제자와 분명하게 동행하셨습니다. 그러나 제자들의 영적인 눈은 완전히 가리어 있었습니다.

김승회 목사님께서 한번은 설교 때 꿩 이야기를 해주셨습니다. 어느 날 꿩을 보았는데 그곳은 지붕도 없는데 꿩이 날아가지를 않는 겁니다. 그래서 꿩이 낚싯줄로 묶여있나 보았는데 아무것도 없더라는 겁니다. 알고보니 책받침 같은 것을 잘라서 꿩 눈만 가리면 꿩은 지붕이 없어도 날아가질 못한다는 겁니다. 꿩은 울창한 숲이라도 하늘을 보게 되면 훨훨 날아갈 수 있지만, 그 눈이 가려지면 하늘을 보지 못하고 평생 사람이 주는 먹이만 먹다가 꿩 샤브샤브로 인생을 마감합니다. 여러분, 눈이 가리어진 꿩의 모습이 우리의 모습은 아닐까요?

제게도 영적인 눈이 가려진 부끄러운 사건이 있었습니다. 강도사 고시를 준비할 때 강도사 고시를 도와주시고 지도해주시는 분이 있었습니다. 제가 재정도 내고, 도움도 요청했습니다. 그런데 시험의 시간이 너무 촉박하다는 이유로 지도해주시는 분이 거의 논문을 다 해주시겠다는 겁니다. 그런데 저는 처음에 분별하지 못하고, 시험에 떨어지면 안 되기 때문에 논문을 다 해주신다는 말을 거절하지 않았습니다.

그런데 말씀을 묵상하고 기도하면서 주님을 바라보는 순간 이것이 잘못됐다는 것을 그제야 깨달았습니다. 그래서 즉시 지도해주시는 분께 연락을 드렸습니다. "제가 떨어지더라도, 제 논문은 제가 스스로 작성하겠습니다."

어떻게 보면 당연한 일이지만, 제게는 쉬운 결정이 아니었습니다. 그때 주님께서 주시는 마음은 "산하야, 내가 기쁘다."라는 감동이 있었습니다. 너무나 당연한 일이지만 일정에 쫓기고 마음이 급해지다 보니 큰 실수를 할 뻔했습니다.

우리는 작은 죄를 그냥 넘겨 버릴 수 있습니다. 그리고 남들이 보기에는 이것이 별것 아니라고 생각할 수 있습니다. 그러나 작은 죄로 눈이 가려지고, 그렇게 주님을 바라보는 일을 소홀히 대하게 되면 나중에는 더 큰 죄를 지어 함께 계시는 주님을 바라보지 못하는 '영적인 맹인'이 됩니다.

하지만 눈이 가려진 제자들도 믿음의 눈이 떠지는 순간이 있었습니다.

"그들과 함께 음식 잡수실 때에 떡을 가지사 축사하시고 떼어 그들에게 주시니 그들의 눈이 밝아져 그인 줄 알아 보더니 예수는 그들에게 보이지 아니하시는지라 그들이 서로 말하되 길에서 우리에게 말씀하시고 우리에게 성경을 풀어 주실 때에 우리 속에서 마음이 뜨겁지 아니하더냐 하고" (누가복음 24:30-32)

여기서 '축사'라는 의미는 제자들을 '축복하며 기도하신 것'입니다. 예수님께서 성경을 풀어주실 때 그들의 마음이 뜨거워졌습니다. 말씀과 기도를 통해 제자들의 믿음의 눈이 열리니 함께 계시는 예수님을 바라보게 되었습니다.

엘리사가 사환의 눈을 열어주는 원리도 동일합니다.

"기도하여 이르되 여호와여 원하건대 그의 눈을 열어서 보게 하옵소서 하니 여호와께서 그 청년의 눈을 여시매 그가 보니 불말과 불병거가 산에 가득하여 엘리사를 둘렀더라" (열왕기하 6:17)

군사와 말과 병거가 성읍을 에워쌌을 때 엘리사는 이미 믿음의 눈으로 하나님의 군사를 바라보고 있었습니다. 그리고 엘리사는 우리와 함께 한 자가 더 많다고 말하기까지 합니다(왕하 6:16).

그런데 엘리사와 함께 했던 사환은 보지 못했습니다. 그래서 사환의 믿음의 눈이 열리도록 기도합니다. 그때 성경은 엘리사가 아니라 '여호와께서' 그 청년의 눈을 열어주셨다고 말씀합니다. 그래서 사환도 불말과 불병거를 보게 됩니다.

말씀과 기도로 우리의 믿음의 눈이 열리면 계속해서 예수님을 바라볼 수 있습니다. 이 원리는 굉장히 중요합니다. 예수님을 24시간 바라보는 것을 지속할 수 있는 열쇠이기 때문입니다.

그런데 제게 한 가지 고민이 있었습니다. 예수님과 동행을 외치고, 동행하는 삶을 살아간다고 하는데 정작 저는 영적인 기복이 너무 심한 겁니다. 그런데 그 이유는 단순했습니다. 매일 매일 세상이라는 수건이 제 영적인 눈을 가렸기 때문입니다. 그래서 저는 마치 영적인 롤러코스터를 타는 것처럼 언제는 기뻤다가 언제는 우울하기를 반복했던 겁니다.

그래서 저와 아내는 어느 날 이런 결정을 했습니다.

"여보, 우리 매일매일 함께 말씀을 묵상하고 나누고 함께 기도하는 시간을 가져요!"

저는 아내와 함께 말씀을 묵상하고 기도하는 시간이 참 행복합니다. 말씀과 기도를 통해 '세상이라는 수건'을 매일 걷어낼 수 있기 때문입니다. 말씀과 기도의 불이 있어야 날마다 영적인 눈이 열려 함께 계시는 주님을 매일 생생하게 바라볼 수 있습니다. 그리고 영적인 기복이 크게 줄어들었음을 느꼈습니다.

그런데 우리에게는 한 가지 고민이 더 있습니다. 죄악 된 본성이 마음에 가득해서 말씀과 기도로 하나님과 교제하는 것을 싫어한다는 것입니다. 우리는 하나님보다 세상을 사랑합니다. 핸드폰을 하고, 유튜브를 보고, 텔레비전을 보고, 스포츠는 너무나 사랑하는데 말씀과 기도는 지루해하고 힘들어합니다.

이럴 때 나와 하나님과의 관계를 점검해야 합니다. 신혼여행을 간 신랑과 신부가 둘만의 데이트를 지루해하겠습니까? 데이트가 지루하다면 부부에게 신혼여행은 비극일 겁니다. 동일합니다. 하나님과 우리의 관계가 신랑과 신부같이 '사랑의 관계'라면 말씀과 기도가 지루하지 않고 달콤할 것입니다. 신랑과 신부가 서로 깊은 사랑을 하기 원하는 것과 같이 우리도 주님과 데이트하기를 원할 겁니다.

신랑과 신부의 사랑에 관계로 말씀과 기도의 삶을 살아갈 때, 우리는 습관적인 죄에서 반드시 승리하는 삶을 살 수 있습니다. 왜냐하면 함께 계시는 주님이 선명하게 믿어지기 때문입니다.

하나님과 나 사이의 관계는 크게 세 가지로 구분될 수 있습니다.

첫째는 두려운 하나님입니다. 하나님을 무섭게 생각하기 때문에 율법을 지키지 않으면 평생 버려질 것같이 무서워 하나님을 믿습니다. 그러니 나에게 하나님은 멀리 있는 분처럼 생각됩니다.

또한 두려운 하나님은 자신의 아버지 상(image)과 연결됩니다. 정신건강의학과 전문의 김은지 교수님은 70만 명의 아이들을 만났고, 그들 중 15만 명의 아이들과 상담을 했습니다. 그런데 중고등학생들에게 가장 큰 고민은 대인관계에 관한 것으로 그 문제를 해결하기 위해서는 자신이 가지고 있는 아버지에 대한 경험, 이미지, 상처를 치유해야 한다고 말합니다.

한 학생은 자기 자신도 모르게 사용하는 방어기제가 무서운 아버지 때문에 생긴 것이라고 합니다. 아버지가 두려워 아버지 앞에서는 아무 말도 하지 못합니다. 또 어떤 학생은 어렸을 때 자신을 무섭게 혼낸 아버지를 너무나 두려워한 나머지 자해를 한 적도 있다고 합니다.

결국 무서운 아버지, 두려운 아버지로 인한 트라우마, 상처가 아이들의 마음에 남은 것입니다. 아버지와의 관계에서 받은 상처가 다루어지지 않을 경우, 이는 신앙에서도 동일하게 작용하는 것을 봅니다.

내가 믿는 하나님을 무서운 분으로 오해하는 경우가 생길 수 있습니다. 이 영역을 두고 하나님 앞에 다루어주시기를 기도해야 합니다.

"하나님, 아버지를 향한 제 안에 쓴 뿌리를 치유해주십시오."

두 번째는 친구 같은 하나님입니다. 물론 첫 번째 두려운 하나님보다는 낫지만 친한 친구도 하루 24시간을 함께 하지는 않습니다. 학교 다닐 때 같은 반이니깐, 또는 같은 학교니깐 친하게 지내지만, 사회생활 시작하고, 다른 학교에 들어가면 서로 만날 수 없습니다. 그래서 일 년에 한 번, 한 달에 한 번, 많으면 일주일에 한 번 보는 것이 친구 관계입니다.

그런데 친구처럼 하나님을 믿는 사람들이 있습니다. 내가 힘든 것, 아픈 것, 속상한 것을 말할 수 있는 그런 사이 말입니다. 하지만 친구는 내 삶에 깊이 관여하지 못합니다. 친구는 권위를 가지고 나의 길을 지도할 수 없습니다. 친구는 그저 옆에서 내가 해주는 말에 귀 기울여주고 손뼉을 쳐주고 내 편이 되어주기를 바랍니다.

하나님을 거기까지로 제한하는 신앙인이 얼마나 많은지 모릅니다.

세 번째는 신랑과 신부의 관계입니다. 신랑과 신부는 매일 붙어 다닙니다. 딱 달라붙어 있습니다. 사랑의 관계를 깊이 누립니다. 서로 하나입니다. 지금 나에게 하나님은 어떤 분이십니까? 하나님과의 관계가 신랑과 신부의 관계라면 말씀과 기도의 시간은 매우 달콤할 겁니다.

"하나님의 말씀과 기도로 거룩하여짐이라" (디모데전서 4:5)

저는 이 말씀을 묵상하면서도 너무 큰 고민이 있었습니다. 저는 청년 때 정말 많이 성경을 묵상하고, 통독하고, 무섭게 기도했습니다. 일 년 동안 교회에서 잠을 자면서 말씀과 기도에 전념했습니다.

그런데 말씀과 기도로 거룩해지기는커녕 습관적인 죄로부터 승리하지 못하는 겁니다. 왜일까, 고민하기 시작했습니다. 말씀이 잘못됐을까? 아니었습니다. 그런데 어느 순간 디모데전서 4장 5절의 말씀이 깨달아졌습니다.

말씀과 기도를 통해서만 거룩해질 수 있습니다. 주님과 24시간 동행하게 될 때 그토록 갈망하던 거룩한 성화의 삶을 살 수 있게 됩니다. 여기서 중요한 점은 내가 스스로 거룩해지려고 노력하는 고행이 아니라는 것입니다.

"거룩하여짐이라" 이 문장은 수동태로 되어 있습니다. 누군가로 인해 거룩해진다는 말씀입니다. 어떻게 이것이 가능할까요? 주님이 함께하시는 것이 분명하게 믿어지면 자연스럽게 삶은 거룩해지고 죄는 멀어집니다. 존경하는 사람을 앞에 모시고 은밀한 죄를 지을 수 없음같이 말입니다.

또한 영적인 성장의 열쇠는 '지속성'에 있습니다. 매일 세상의 때로 눈이 가려지는데, 가려진 눈이 다시 영적인 눈으로 열리는 열쇠는 지속성에 있습니다.

김남준 목사님은 『그리스도는 누구신가?』에서 다음과 같이 말합니다. "아무리 놀라운 구원의 은혜를 경험했어도, 넘치도록 그분의 사랑이 부어졌어도, 단회적으로는 하나님의 자녀답게 살 수 없습니다. 믿음의 눈으로 예수 그리스도를 바라보는 것은 구원받는 순간 단 한 번이면 족한 일이 아닙니다. 아침마다 새롭고 늘 새로운 십자가의 감격을 누리며 살아가기 위해서는 예수 그리스도가 누구신지 바르게 보고 그분의 십자가 앞에서 자신이 누구인지를 올바로 깨닫는 일이 매일 반복되어야 합니다."[5]

수련회 때, 집회 때, 단회적으로 하나님을 경험하고 끝나는 것이 아니라, 매일매일 기도를 통해 그리스도 사랑과 임재를 경험해야 합니다. 매일 기도의 삶을 살 때 예수님과 동행은 생생하고 친밀합니다. 그러나 어김없이 기도의 삶이 무너졌을 때 예수님과 동행은 마치 안개 속을 걷는 것 같이 희미해집니다.

예전에 전교인 여름 수련회에서 캠프파이어를 하기 위해 불을 피우고 있었습니다. 그런데 갑자기 비가 조금씩 내리기 시작하는 겁니다. 모닥불에 지핀 불이 꺼질까 봐 내리는 빗속에서 얼마나 고생했는지 모릅니다.

영적인 원리도 같습니다. 우리의 삶에 풍랑과 비바람이 끊임없이 불어옵니다. 원수는 어떻게 해서든지 우리의 믿음의 눈이 닫히고, 세상의 죄의 유혹에 눈이 가려지기를 바랍니다. '비가 내리니 어쩔 수 없지.'라고 생각하면 불은 완전히 꺼집니다. 내가 불이 꺼지도록 내버려 둔 것입니다. 하지만 다시 불을 피우려면 그 전보다 훨씬 더 큰 에너지를 사용해야 합니다.

'기도의 불이 식을 수도 있지.' 그렇게 내버려 두기 시작하면 다

---

5) 김남준. 그리스도는 누구신가?. 59. 생명의말씀사. 2018.

시 기도의 불이 타오르기 굉장히 어렵습니다. 신앙이 식은 상태가 되면 그것이 익숙해지고 나중에는 기도의 불이 식은 것이 정상처럼 느껴집니다.

그러므로 기도의 불, 성령의 불을 꺼뜨리지 마십시오! "불을 꺼뜨리지 마라"(레 6:9,12)는 말씀은 주님의 음성입니다. 매일 영적인 눈이 열리는 열쇠는 바로 말씀과 기도의 지속성에 있습니다.

*적용 질문
● 당신은 하나님을 어떻게 생각하고 있습니까?
● 하나님과 나 사이의 관계를 설명하는 세 가지 유형에 관해 설명해보세요.
● 예수님을 24시간 바라보는 믿음의 원리는 말씀과 기도입니다. 어떻게 하면 말씀과 기도를 지속해서 할 수 있을까요?

12. 죄에서 승리하는 도구

예수님과 친밀하게 동행하는 것을 특별한 사람에게 해당한 것처럼 여기는 분들이 많습니다. 마치 목회자, 선교사, 수도원에 있는 사람들이나 가능하다고 생각합니다. 그러니 성도는 맥주 한 잔 정도 해도 괜찮지만, 목회자는 절대로 하면 안 된다고 생각합니다.

유진 피터슨은 사탄이 성도들에게 노골적인 속임수를 쓴다고 이야기합니다. 그것은 바로 '너는 평신도야!'라는 생각을 성도들 마음속에 집어넣는 겁니다. 그러나 성경은 정반대로 말하고 있습니다.

"그러므로 우리가 믿음으로 의롭다 하심을 받았으니 우리 주 예수 그리스도로 말미암아 하나님과 화평을 누리자" (로마서 5:1)

헬라어 원어를 직역하면 다음과 같습니다.
"그러므로 우리가 믿음으로 의롭다 하심을 받았으니 우리 주 예수 그리스도로 말미암아 '이미' 하나님과 화평을 누리고 있다."

사도 바울은 모든 성도가 이미 하나님과 화평의 관계를 누리고 있다고 말씀합니다. 그 근거가 어디에 있습니까? 예수님을 믿는 순간 우리 마음 안에 그리스도께서 사시기 때문입니다(고후 13:5).

우리 안에 그리스도가 사시기 때문에 목회자들뿐만 아니라 모든 성도가 주님과 화평의 관계를 맺고 있는 겁니다. 그런데 왜 우리의 삶은 여전히 하나님과 화평의 관계, 친밀한 관계를 누리지 못하는 걸까요?

먼저는 우리 안에 죄와 염려, 근심으로 영적인 눈이 가려져서 그렇습니다. 또 하나는 사탄 원수가 '너는 평신도야. 그러니깐 예수님과 친밀한 동행은 필요 없어. 그런 건 목회자나 선교사들이 하는 거야.'라는 말을 믿다 보니 멀어집니다.

저는 약 10년째 예수님과 동행하는 일기를 기록하고 있습니다. 처음에는 메모장에 혼자 기록했습니다. 그러다가 예수동행일기 어플이 나오고 그것을 활용해 매일 매일 예수님과 동행한 것을 기록하기 시작했습니다. 아침부터 저녁까지 예수님과 정말로 동행하고 있는지 저 자신을 '점검'하는 겁니다.

그런데 그냥 일기와 예수동행일기의 차이는 무엇인지 아십니까? 그냥 일기는 사건(event) 중심입니다. 내가 오늘 하루 동안 무엇을 했는지 기록하고 끝납니다.

그러나 예수동행일기는 '예수님'이 중심입니다. 내가 오늘 아침에 예수님께 '굿모닝 예수님!' 했는지, 식사기도만 하고 식사할 때 주님을 바라보지 못했다면 그런 것을 기록하면서 하루 중 얼마나 함께 계시는 주님을 바라보았는지 적는 겁니다.

하나님은 보이시지 않기 때문에, 하나님과 동행하는 것은 너무 막연합니다. 그래서 끊임없이 내가 오늘 하루 예수님과 동행했는가를 점검하고 살펴보아야 합니다.

왜 예수동행일기를 써야 할까요? 하나님과 동행한다는 것은 성경의 진리이고, 하나님께서 진실로 원하시는 일입니다. 하나님께서 사람을 창조하셔서, 에덴동산에서 동산을 거니시며 사람과 동행하셨습니다(창 3:8). Walking with GOD, 하나님과 얼굴과 얼굴을 맞대는 완전한 동행입니다.

그런데 언제부터 하나님과 동행할 수 없게 되었나요? 죄를 지으면서부터입니다. 그래서 구약을 읽다 보면 하나님께서 약속을 주십니다. "내가 예수 그리스도를 보내줄 거야." 구약의 모든 약속은 예수 그리스도의 십자가를 향해서 달려갑니다.

동시에 하나님께서는 "내가 너와 함께(with) 있어!"라는 표현을 쓰십니다. 그리고 정말 예수님께서 이 땅에 성육신하셔서, 십자가에서 죽으시고 부활하십니다. 그리고 "내 안에(in) 거하라 나도 너희 안에(in) 거하리라"(요 15:4)라고 말씀하십니다. 우리 마음속에 성령으로 예수 그리스도께서 계시다는 것입니다(갈 2:20). 또한 완성될 하나님의 나라에서 하나님의 얼굴과 우리의 얼굴을 완전하게 마주할 것입니다(계 22:4).

덴버신학대학교 조직신학 정성욱 교수님은 강의 시간에 '임마누엘'을 세 가지 시대로 나누어 설명하셨는데, 저는 한 시대를 더 넣어 네 시대로 설명드리고자 합니다.

1) 원죄가 들어오기 전에 'Before'입니다. 아담과 주님은 완전한 동행을 맛보았습니다(창 3:8).
2) 구약시대에는 'With'입니다. 내가 너와 함께한다(창 26:24).
3) 신약시대는 'In'입니다. 내가 너희 안에 있다(요 15:4).
4) 예수님께서 재림하시면 'Face To Face'입니다. 주님의 얼굴과 우리의 얼굴이 완전하게 대면하게 됩니다(계 22:4).

제가 예수동행일기 컨퍼런스에 갔을 때, 정성욱 교수님께 질문을 했습니다. "교수님, 성경에서 가장 중요한 것을 꼽는다면 그것은 구속사인데, 그렇다면 하나님의 구속사와 예수님과 동행하는 것은 어떻게 연결이 될 수 있습니까?"

그때 교수님께서 명료하게 말씀해주셨습니다. "하나님께서 우리를 구속하신 목적은 우리와 영원토록 동행하기 위해서입니다." 이렇게 말씀해주신 내용이 성경에 있습니다.

> "그들은 내가 그들의 하나님 여호와로서 그들 중에 거하려고 그들을 애굽 땅에서 인도하여 낸 줄을 알리라 나는 그들의 하나님 여호와니라" (출애굽기 29:46)

먼저 하나님은 애굽 땅에서 '인도했다'라고 말씀합니다. 이 말씀은 출애굽을 의미합니다. 모세의 출애굽 사건은 예수 그리스도의 구속 사역을 예표하는 것입니다. 예수님의 십자가 사건을 미리 보여주는 겁니다.

그런데 하나님께서 이스라엘과 무엇 하려고 그들을 출애굽 하셨습니까? 일 시키려고 구원하셨습니까? 헌금 많이 하라고 구원하셨습니까? 절대 아닙니다. 하나님께서는 이스라엘 백성 '중에 거하려고' 구원하셨습니다. 이스라엘과 함께 영원토록 살기 위해서 구원하신 겁니다.

마치 처음 에덴동산에 아담이 하나님과 동산을 거닐면서 완전한 동행을 누렸던 것처럼, 하나님께서 이스라엘 백성을 구원하신 분명한 '목적'이 있는데 그것은 바로 그들 중에 거하려고 한 것입니다. 그렇습니다.

하나님께서 우리를 진실로 구속하신 목적은 에덴동산의 회복, Walking with GOD, 하나님과 완전한 동행을 온전히 회복하기 위해서입니다. 그러므로 우리는 날마다 예수님과 동행해야 합니다. 그리고 저는 확신합니다. 예수님과 동행하는 가장 좋은 도구는 '예수동행일기'라고 말씀드릴 수 있습니다.

처음 예수님과 매일 동행한 것을 기록했을 때 저는 별거 없다는 생각이 들었습니다. 그러나 예수동행일기를 멈추었을 때, 저는 어느 순간 다시 습관적인 죄에 반복해서 넘어지고 있었습니다. 왜냐하면 함께 계시는 주님을 바라보지 못했기 때문에 매일 주님과 동행한다고 믿지 못했습니다. 나와 함께 계시는 주님을 인식하지 못하니 죄에 빠졌습니다.

김승회 목사님이 인도네시아에서 처음 예수동행일기를 접하셨을 때도 저처럼 굉장히 유치하다고 생각하셨다고 합니다. 자신은 목회자로 헌신할 뿐만 아니라, 자기 삶을 드려 지금 선교사로 왔는데,

"당신은 예수님을 아침에 생각했나요?"라는 질문이 너무 유치했다는 겁니다. 그래서 덮어 두었다가 어느 날 다시 그 예수동행일기 어플을 열어보고 체크 해 봤다고 합니다.

-당신은 오늘 아침에 예수님을 생각하셨나요? 아니요.

-당신은 오늘 식사하면서 예수님을 바라보았나요? 아니요.

-당신은 오늘 일하면서 예수님을 생각하셨나요? 아니요.

김승회 목사님은 이것을 체크하고 큰 충격에 빠졌습니다. 나는 이미 선교사로 헌신했고 내가 하는 모든 일이 하나님의 일이라 여겼는데 주님을 생각하지 않고 자신의 열심으로 선교하고 있다는 것을 이때 알았기 때문입니다.

그리고 "그럼 내가 언제 예수님을 생각하고 바라보았지?"라고 생각해보니 찬양할 때뿐이라는 것을 알았습니다. 내 생각에는 항상 주님을 50% 이상 바라봤을 거로 여겼지만 실제로 기록해보니 3% 밖에 예수님을 생각하지 않고 있다는 것을 안 것입니다. 그렇습니다! 예수동행일기를 꾸준히 써야 하는 이유가 여기에 있습니다.

> "다음 세대가 읽도록 주님께서 하신 일을 기록하여라 아직 창조
> 되지 않은 백성이 그것을 읽고 주님을 찬양하도록 하여라"
> (시편 102:18 새번역)

시편 102편 18절은 성경을 기록하라는 말씀이지만, 동시에 우리에게 충분히 적용할 수 있는 말씀입니다. 하나님께서 우리 삶 가운데 하신 일을 매일 기록할 때, 제가 죽어도 제 아들은 제가 하나님과 친밀하게 동행한 예수동행일기를 보고 제가 어떻게 살았는지를 알 것입니다. 또한 제 아들도 예수님과 친밀하게 동행하여 죄에서 날마다 승리하는 삶을 살기를 소망할 것입니다.

여러분은 예수님을 믿으신 지 얼마나 되었습니까? 이 질문에는 우리가 쉽게 대답할 것입니다. 그렇다면 여러분은 예수님과 친밀하게 동행하신 지 얼마나 되었습니까? 두 번째 질문에는 쉽게 대답하지 못하는 경우가 많을 것입니다.

프랭크 루박(Frank Laubach) 선교사님은 1884년 미국에서 태어나 필리핀 선교사로 사셨습니다. 선교사님은 '내가 하나님과 친밀하게 동행하는 삶을 살 수 있을까?'라는 고민하셨다고 합니다. 그러다가 1930년 46세 나이에 '나는 남은 인생을 이 질문에 대한 답을 찾는 믿음의 실험으로 삼으리라!'라고 결심했습니다.

그리고 하나님과 동행하는 것을 매일 매일 기록하기 시작합니다. 처음 한 달은 '안 된다. 실패했다. 주님을 의식하지 못했다.'라고 기록했습니다. 그런데 두 달, 석 달, 여섯 달이 흐르면서 정말 말도 안 되게 놀라운 변화를 경험합니다. 프랭크 루박 선교사님은 '하나님께서 나와 함께 하시는 것이 믿어진다. 주님이 나와 함께 하심이 의식된다. 주님의 임재가 황홀하다.'고 고백합니다.

그런데 하나님께서 프랭크 루박 선교사님과 46년 동안은 함께 하지 않으시다가, 6개월만 함께 하셨을까요? 아닙니다. 하나님께서는 프랭크 루박 선교사님과 46년 동안도 함께하셨고, 6개월간 믿음의 실험을 할 때도 함께 하셨습니다.

그래서 프랭크 루박 선교사님의 삶은 46년 이전(Before)과 믿음의 실험 이후(After)로 완전히 나뉩니다. 마치 에녹이 65년 동안은 하나님과 희미하게 살다가, 므두셀라(이름의 뜻: 그가 죽으면 심판이 온다)를 낳고 에녹의 믿음의 눈이 활짝 열려서 300년 동안 하나님과 친밀하게 동행한 것과 같습니다.

> "에녹은 육십오 세에 므두셀라를 낳았고 므두셀라를 낳은 후 삼백 년을 하나님과 동행하며 자녀들을 낳았으며 그는 삼백육십오 세를 살았더라 에녹이 하나님과 동행하더니 하나님이 그를 데려가시므로 세상에 있지 아니하였더라" (창세기 5:21~24)

주님을 희미하게 바라보는 사람이 있고, 주님을 너무나 선명하게 믿음의 눈으로 바라보는 사람이 있습니다. 주님을 가끔 간헐적으로 바라보는 사람이 있고, 주님을 에녹과 같이 24시간 바라보는 사람이 있습니다.

이 땅에서 지옥과 같이 고통스럽고 불행하다고 말하는 사람이 있고, 이 땅에서 주님과 친밀하게 동행함으로 에녹과 같이 천국의 삶을 행복하게 사는 사람이 있습니다.

주님과 친밀하게 동행하는 것은 주님을 항상 '생각'하는 것입니다. 성도 중에 제게 "어떻게 일상에서도 주님을 항상 생각하란 말입니까?"라고 질문하시는 분이 있습니다.

제 어머님은 제가 중학교 때 유방암에 걸리셨습니다. 어느 날 학교를 다녀왔는데 안방에 암1~암4까지 4권의 책이 있었습니다. 그때 알았습니다. '아, 엄마가 암에 걸리셨구나.' 그때 부모님의 온통 생각은 '암'이셨습니다. 어떻게 하면 암으로부터 치유를 받을까? 이런 생각뿐이셨습니다. 감사하게도 어머니는 수술이 잘 되었고 건강하게 회복되었습니다. 우리가 암만 걸려도 온통 생각은 '암'뿐입니다.

마찬가지로 우리가 예수님께 완전히 사로잡힐 때 우리는 일상에서도 온통 예수님 생각뿐일 수 있습니다. 여러분은 어떤 삶을 살고 싶습니까? 가끔 예배 때만 주님을 바라보는 정도로 살기를 원하십니까? 아니면 에녹처럼, 프랭크 루박 선교사님처럼 주님과 24시간 동행하면서 천국을 맛보는 삶을 살고 싶으십니까?

저는 에녹처럼, 프랭크 루박 선교사님처럼 24시간 주님과 행복한 동행의 삶을 살고 싶습니다. 하나님과 동행하는 삶과 그렇지 않은 삶은 이 땅에서 천국을 누리며 사느냐 아니면 지옥과 같은 삶을 사느냐를 판가름합니다.

또한 믿음의 사람들을 보면서 그들의 공통점은 '일기'를 기록했다는 것입니다. 제가 참 사랑하는 조나단 에드워즈도 일기를 기록했습니다. 조나단 에드워즈의 친구 데이비드 브레이너드도 늘 일기를 기록했습니다. 유기성 목사님도 김승회 목사님도 먼저 예수님과 친밀하게 동행하는 일기를 매일매일 기록하였습니다. 이들은 예수님과 친밀하게 동행하는 삶을 계속해서 일기에 기록했습니다.

"교회사에서 검증된 다른 방법이 있다면 그것은 영성 일기(Spiritual Journal)와 편지를 쓰는 것이다. 영성 일기와 편지를 쓰면서 우리는 순간순간 우리의 생각들과 감정적 움직임들을 기록하고, 순간순간 우리가 접하는 기회들과 감정적 움직임들을 기록하고, 순간순간 우리와 패배의 원인 분석 등을 실행한다. 또한 주님께서 우리에게 주신 깨달음과 감동들, 그리고 주님께서 들려주신 음성들을 기록할 수 있다. 이에 더해 우리가 손과 발과 지갑으로 실천에 옮겼던 것에 대하여 성찰할 수 있다. 즉 주님과의 친밀한 인격적 교제의 삶에 대한 보고서를 작성하는 것이다."6

"고대 사막교부들 (desert fathers)의 아버지로 불리는 안토니우스 (Anthony the Great, 251-356)도 영성일기쓰기를 실천했다. 그리고 교부신학의 완성자로 불리는 아우구스티누스(Augustinus, 354-430)의 『고백록』도 사실상 영성일기의 산물이다. 중세기 위대한 신앙지도자였던 토마스 아 켐피스 (Thomas a Kempis, 1380-1471)의 저작 『그리스도를 본받아』(De lmitatione Christi) 역시 영성일기 형식으로 쓰였다."7

제가 예수님과 동행하는 일기를 쓰는 스타일은 시간 때마다 주님을 기억하고 기록해보는 겁니다. 그리고 주님께 편지를 쓰듯이 일기를 씁니다.

---

6) 정성욱. 정성욱 교수의 한국교회, 이렇게 변해야 산다. 237. 큐리오스북스. 2018.
7) 위지엠 편집부. With Communities. 41. 위지엠. 2022.

제목 : 장산하의 예수동행일기
일자 : 2014-09-19(목)

am7:58 예수님, 어제 아내랑 예배하고 주님을 바라봤어요. 오늘도 스터디 하러 갑니다. 예수님 아자 아자! 좋은 아침입니다. 예수님.

am8:22 예수님, 스터디하러 가는 길에 주님을 바라봅니다. 예수님, 아내가 함께 섬겨주니 참 감사합니다.

am10:14 주님, 오전에 묵상기도 때 주님을 더욱 깊이 바라보기를 소망해요. 감기 기운이 있는데 여호와를 앙망할 때 새 힘을 허락해주세요.

pm12:21 예수님, 공부하는데 대학원 입학에 대한 두려움을 주님께 내어 드립니다. 여러 가지 할 것이 많은데 예수님 도와주세요! 주님께 의지합니다. 예수님께 간절한 마음으로 기도합니다.

pm12:57 예수님, 제 안에 두려움이 있나 봅니다. 앞으로의 일, 사람들에게 인정받지 못함, 몸의 아픔과 서러움, 사랑 안에 두려움이 없다고 하셨는데 제가 온전히 예수님의 사랑 안에 거하지 못했나 봅니다.

주님은 제게 '산하야. 내 안에 거하라. 나도 네 안에 거하리라. 산하야. 내 사랑 안에 거하라.'라고 말씀하시는 것 같습니다. 예수님, 제가 온전히 예수님의 사랑 안에 거하기를 바랍니다. 그래서 두려움을 쫓기 원합니다. 제게 새 힘을 주십시오. 주님을 앙망합니다.

pm5:38 예수님, 몸이 많이 안 좋고 꿈속에서 공격당하듯 꿈을 꾸고 예수님께 살려달라고 기도했어요. 운동을 해야겠어요. 운동회 때 농구를 하는데 오래된 친구 oo가 생각나서 연락하고 교회 체육대회 때 초청했는데, 그 친구가 다시 예수님 만날 수 있게 주님이 허락해주세요! 잠잠히 주님을 바라봅니다.

pm8:04 오직 예수밖에 없습니다. 오직 말씀과 기도뿐입니다. 성령님 도와주세요. '고난은 장산하의 믿음의 뿌리를 더 깊이 내리게 합니다.' 예수님께 내 소망을 둡니다. 주님만이 나와 가정과 교회와 나라와 열방의 소망이십니다.

pm10:21 제자훈련도 하고 형제들과도 이야기하고 성령님이 나와 함께 하셔서 참 감사합니다. 하나님 기도하고 싶습니다. 내 마음을 성령으로 새롭게 해주세요. 강하고 담대하게 해주세요. 주님과 함께 걷습니다.

am00:05 예수님, 고등부 예배를 위해 콘티와 기도, 다음 세대 아이들이 정말 주님께 소망을 두고 살게 하시고 예배 가운데 하나님 나라와 의를 구합니다. 예수님이 이 땅에 오셔 치유하신 것처럼 상한 마음을 치유하신 것처럼 상한 마음을 치유하시고 가르치시고 말씀을 전파해주십시오. 저도 오늘 밤 예수님 안에서 평안을 누리고 싶습니다.

*적용 질문

● 예수동행일기를 기록하는 것은 어떤 영적 유익이 있나요?

● 주님과 친밀한 인격적 교제를 위한 예수동행일기를 당신은 쓰고 있나요? 혹시 하지 못하고 있다면 어떤 이유 때문인가요?

● 하나님께서 이스라엘 백성을 출애굽 하신 이유는 무엇이었나요?

13. 믿음의 여행을 마치며

여러분들은 글을 읽는 지금 이 순간에도, 여러분 앞에, 여러분 마음 안에 예수님께서 '함께' 계심을 정말로 믿으십니까? 저는 우리 안에 진정한 '부흥'이 일어나기를 갈망합니다.

제가 참 사랑하는 위대한 설교자 마틴 로이드 존스(Martyn Lloyd Jones)는 『부흥』이라는 책에서 다음과 같이 말씀하셨습니다.

"부흥은 하나님의 백성들이 갱신되고 새로워지며 다시 예수와 동행하는 삶을 회복하는 것입니다."
A revival is God's people are renewed, refreshed, and revived in their walk with Jesus.[8]

정말 그렇습니다. 진정한 부흥은 하나님의 백성들이 갱신되고 새로워지는 것입니다. 하나님의 백성들이 갱신되고 새로워진다는 것은 무엇입니까?

'예수님과 친밀하게 동행하는 삶을 회복하는 것입니다.'

---

8) Martyn Lloyd-Jones. Revival. Crossway Books. 99. 1987.

제게는 간절한 소원이 있습니다. 예수님께서 맹인 바디매오에게 "네게 무엇을 해주길 원하느냐?" 물으셨을 때, 바디매오는 "돈을 주십시오. 옷을 주십시오. 먹을 것을 주십시오."라고 말하지 않았습니다.

> "예수께서 말씀하여 이르시되 네게 무엇을 하여 주기를 원하느냐 맹인이 이르되 선생님이여 보기를 원하나이다" (마가복음 10:51)

맹인 바디매오는 "선생님이여 보기를 원하나이다."라고 그의 소원을 아룁니다. 쉬운 성경에는 "주님, 다시 보기를 원합니다."라고 말합니다. 그리고 맹인 바디매오가 눈을 열어 생애 가장 먼저 본 얼굴이 바로 '예수님의 얼굴'입니다.

예수님께서 제게 딱 한 가지 소원을 물어보신다면 "산하야, 무엇을 해주길 원하느냐?" 저와 제 아내는 주저 없이 이렇게 말하겠다고 고백했습니다.

"주님, 믿음의 눈이 열려 주님을 계속 바라보기를 원합니다!"

우리의 단 한 가지 소원은 진정한 부흥입니다. 믿음의 눈이 열려 주 예수님과 24시간 행복하게 동행하는 것입니다.

우리 교회에 초신자가 오셨는데, 이분에게 제자훈련을 하고 예수동행일기를 쓰라고 권했습니다. 놀라운 것은 성도님이 신앙생활을 시작하시면서 예수님과 동행하고, 일이 꼬이고 힘들 때도 예수님과 동행하고, 일상에서 행복하고 평안할 때도 예수님과 동행하고, 육체가 아프고 영적인 전쟁이 있을 때도 예수님과 늘 동행하셨다는 겁니다.

2022년 3월 17일 (1.신앙생활 시작)
제자훈련 첫 단원의 말씀을 찾아가며 아침에 기도와 함께 시작하는 하루에 감사합니다. 소소한 하루, 전반적인 나의 행동에 예수님을 떠올려 보는 하루였습니다. 재정적으로 큰아이에게 용돈을 주고 살아갈 힘을 주심에 감사합니다. 저는 이렇게 매일매일 해 나갈 겁니다. 순간 스멀스멀 화나는 일도 꿀꺽 참을 수 있고 기도로 버텨낼 힘을 길러보겠습니다. 저는 주님의 시간을 헛되이 쓰지 않도록 노력하겠노라 선포하고 이것을 지켜내며 자존감을 높이며 기쁘게 살고자 합니다. 오늘도 감사한 하루였습니다. 주님.

2022년 3월 23일 (2.일이 꼬이고 힘들 때)
이래도 되나 싶을 정도로 일이 꼬이고 꼬입니다. 여느 때 같으면 원망 거리를 찾아서 화를 못 참고 날뛰고 난리를 쳤겠지만, 이번은 정말 다릅니다. 물론 아주 살얼음 같은 믿음의 시작이라 언제 깨져서 화를 부릴 때도 있을 것 같습니다. 하지만 이번에는 얼음이 녹지 않게 다시 얼리고 또 얼려 화라는 녀석을 잠재우고 싶습니다. 권사님께 진심 감사드립니다. 인연을 맺게 허락하신 우리 주님께 진심으로 감사드립니다. 오늘도 난 부끄럽습니다.

2022년 3월 24일 (3.일상 행복 평안)
오늘도 일어나졌고, 시간만 되면 일상처럼 일어나집니다.
내 안에서 기쁨의 찬양이 흘러나옵니다.
감사합니다. 오늘도 동행하실 예수님 사랑합니다.

2022년 3월 27일 (4. 육체가 아프고 영적 전쟁)
두통이 엄습해 올 때면 모든 일상이 마비될 정도로 통증이 심합니다. 주일 새벽기도는 다녀왔지만, 예정돼있던 모든 일정을 뒤로하고 결국 응급실로 향합니다. 진통제를 연거푸 3개를 맞고 나서야 살짝 가라앉고 이렇게 예수동행일기도 써봅니다. 영적 전쟁이라고 생각됩니다. 영광스러운 표현이 아닐 수 없네요. 주님 안에서 승리하고 싶습니다.
늘 기도해주시는 권사님께 감사한 마음 전하고 이런 기회를 주신 목사님, 이 모든 일을 주관해 주시는 사랑하는 하나님께 감사드립니다.

저는 성도님이 행복할 때, 힘들 때, 눈물 날 때, 모든 순간에 주님을 찾고, 주님을 바라보며, 주님과 동행하는 모습을 보며 큰 감동을 받습니다. 저도 이렇게 감동을 받았는데, 우리 주님은 얼마나 기쁘시겠습니까?

하루는 제 아들이 유치원에서 동요 발표가 있었습니다. 그런데 혼자 발표하기 너무 무서워서 유치원에 안 가겠다고 온종일 우는 겁니다. 그때 제 아내가 아들에게 이렇게 말하는 것을 들었습니다.

"유민아, 엄마 아빠는 언제나 너와 연결되어 있어. 그러니 두려울 때면 가슴에 손을 얹고 엄마 아빠를 떠올려보렴."

아들은 다음날 울지 않고 씩씩하게 유치원에서 동요 발표를 했습니다. 그런데 그렇게 울고 있는 아들의 모습이 마치 제 모습 같았습니다. 교회 개척을 하고 염려와 걱정이 올라올 때가 있었습니다.

'잘할 수 있을까?'

주님께서 저를 통해서 사역해야 하는데, 제가 하려고 하니 걱정과 근심이 올라오는 겁니다. 그때 주님이 제게 동일하게 말씀하시는 것 같았습니다.

"산하야, 나는 너와 늘 연결되어 있어. 나는 네 안에, 너는 내 안에 있어(요 15:4). 두려울 때면 가슴에 손을 얹고 나를 기억하렴. 내가 너와 함께 있어!"

저는 두려울 때마다 가슴에 손을 얹고 '예수님!' 하고 부릅니다.

그러면서 주님 품에 안겨 많이 울면서 기도했습니다. 그러면 주님이 제게 말씀하시는 것 같습니다.

"두려워하지 말라 내가 너와 함께 함이라 놀라지 말라 나는 네 하나님이 됨이라 내가 너를 굳세게 하리라 참으로 너를 도와 주리라 참으로 나의 의로운 오른손으로 너를 붙들리라"
(이사야 41:10)

지금 여러분이 있는 그곳에서 한번 눈을 감아보시고, 지금 여러분과 함께하시는 주님을 믿음의 눈으로 잠잠히 바라보십시오.

이 책을 읽는 모든 독자분의 믿음의 눈이 열려 함께 계시는 주님을 계속 바라보기를 축복합니다. '어떻게 습관적인 죄에서 승리할 수 있을까?' 이 질문에 정답을 찾아가시고, 죄에서 승리하는 삶을 사시기를 간절히 기도하겠습니다.

또한 함께 계시는 예수님이 분명하게 믿어지고, 의식되고, 하나님의 임재에 깊이 들어가기를 바랍니다. 그래서 예수님과 동행하는 삶을 전하는 사역자가 되십시오. 예수님과 동행하는 감격과 기쁨을 먼저 누리고, 그것을 내 가족에게, 내 지인에게 보여주는 '증인'이 되어 주십시오.

예수님과의 행복한 동행이 얼마나 달콤하고, 황홀하고, 행복한지 경험하기를 주님의 이름으로 축복합니다.

*적용 질문

● 당신의 소원 한 가지는 무엇입니까?

● 두려울 때, 아플 때, 힘들 때 당신은 어떻게 주님과 동행하나요?

● 자, 이제 책을 다 읽었습니다. 당신의 삶에 꼭 적용해야 할 것이 있다면 적어보세요.

PART 4

예수동행일기 실천편

제가 말로만 예수 동행을 외치는 것이 아니라, 진짜 삶으로 예수님과 친밀하게 동행하고 있는지는 저와 가장 가까이 붙어있는 제 아내가 알 것입니다. 그렇기 때문에 제 삶의 가장 첫 번째 열매는 바로 아내의 변화라고 할 수 있습니다. 저와 결혼했을 때 아내는 3년 동안 예수동행일기를 쓰지 않았습니다. 처음에는 제가 아내에게 권면도 하고 설득도 했지만 쉽지 않았습니다. 그리고 어느 순간 '아, 이것이 억지로 한다고 되는 게 아니구나.'라는 걸 깨달았습니다. 그리고 '먼저' 제 삶이 정말로 예수님과 동행하기를 힘썼습니다. 그리고 어느 날부터인가 아내도 예수님과 동행하며 꾸준히 예수동행일기를 쓰고 있습니다. 남편의 삶이 더딜지라도 조금씩 변화되니 아내도 주님과 동행의 한 발자국을 걷게 되었습니다. 이 글들은 아내가 8년 동안 예수동행일기를 쓴 것의 일부를 발췌한 내용입니다. 물론 아내에게 허락을 받고 공개합니다. 예수동행일기를 시작하시는 분들에게 조금이나마 도움이 되셨으면 좋겠습니다.

1. 아내의 예수동행일기

1) 영적인 전쟁이 있던 날

2018년 8월 14일

새벽에 두려운 꿈을 꾸고 잠에서 깼습니다. 평소 같으면 별로 두려워하지 않았을 텐데 꿈에서 깬 다음에도 어두움이 엄습해왔습니다. 평상시라면 혼자 영적 전쟁하고 실컷 주님의 이름으로 명령하고 평안을 되찾고 잠들곤 했을 텐데, 이번엔 두려움 마음이 쉽게 가시지 않았습니다. 남편 곁에 누워 꿈꿨다고 이야기하자 남편도 덩달아 일어납니다. 훌쩍훌쩍 알 수 없는 두려움에 울다가 다시 영적 기도하고 찬양했으나 평안이 없었습니다. 다시 정신 차리고 전신 갑주를 입고 성령의 검으로 말씀을 힘입어 검을 세차게 휘두른 뒤에야 평안이 찾아왔습니다.

새벽 기도에서 가족과 지혜를 구하는 기도, 교회와 나라를 위한 기도를 하고 돌아오니 사단의 공격이 더 센 것 같습니다. 내가 주님께로 온전히 집중하려고 하니 어둠의 영이 방해하는 것 같습니다. 전교인 수련회를 준비할 때도 이 정도는 아니었는데. 주님이 5년이나 기다려주시고 제가 사단과 친밀하게 5년을 살았으니 정말 싫었나 봅니다. 다신 지지 않으려는 마음으로 주님 앞에 나아갑니다.

새벽에 꾼 꿈에 너무 시달렸고 새벽 기도까지 다녀오니 정말 피곤했습니다. 아들 유민이가 팔팔하면 어쩌나 걱정했는데 우유 하나를 더 먹더니 같이 잘 자주었습니다. 아주 감사합니다. 위층 부부 싸움 소리에 깜짝 놀라 깼습니다.

중보기도 모임에 가자고 남편과 얘기했는데 알람에 일어나듯 어수선한 소리에 깨서 준비하고 유민이 어린이집 데려다주고 중보기도 모임에 갑니다.

부부 싸움도 알람으로 대체해 주시는 주님!

은혜의 강이 깊이 흐르는 기도 시간입니다.

다섯 손가락 기도가 참 인상 깊습니다.

간절한 한 가지 소원, 넓고 깊은 기도 가운데로 초청해 주시는 주님께 반응하고 눈물로 영혼 깊이 기도했습니다. 기도회가 끝나고도 기도 제목들이 생생히 기억나서 노트에 다 적었습니다. 아직 주님의 음성인지 정확히 분별

해야 하는 기도들이 있습니다. 때를 기다리는 인내를 주시고 분별의 영을 허락하소서. 생생한 예수님과의 동행을 간절히 원합니다. 감사하게 식사를 대접받아 잘 먹고 돌아옵니다.

기도도 체력입니다. 오는 길에 맥이 다 풀렸습니다. 커피를 마셔서인지 수업 전 쉬려고 누웠는데 잠이 오지 않아 묵상을 했습니다. 바울의 소상 장면인데 복음에 확신을 갖고 전하려면 체력이 필수라는 마음을 주시고 복음의 여정에 동참하려면 건강해야 한다는 마음을 주십니다. 임산부 운동을 찾아보고 오늘 하루 바른 자세로 다니기를 실천해 보기로 합니다.

수업하고 유민이를 데려옵니다. 남편이 유민이와 놀아주니 웃음이 끊이질 않습니다. 유민이는 아빠와 공놀이하는 게 정말 즐거운 것 같습니다. 저에게 저녁도 챙겨주고 쉬라고 해주고 유민이 목욕시키고 재우기까지 혼자 다 합니다. 늘 남편이 해주는 일인데 오늘 새삼 고맙고 고맙습니다.

수업을 다 마치고 돌아왔습니다. 오가는 길 계속 찬양을 듣고 부르며 예수님과 동행합니다. 새벽을 준비하는 마음으로 샤워하고 눕습니다. 예수님 생생하게 저와 동행하는 것을 인식하도록 도와주세요. 오늘 밤도 내일도 주님께 맡겨드립니다. ♡

2) 아이가 아플 때

2018년 9월 3일

9월입니다. 주님.

9월 들어오자마자 유민이가 구내염으로 고열에 시달렸습니다. 갓난아이 때보다 열이 난 유민이를 돌보는 게 의연해진 것 같아 웃음이 나기도 했고. 뭔가 더 여유 있고 잘 대처하는 제 모습에 웃기기도 했습니다. 감사하게 이틀 만에 열이 잡히고 주말 동안 남편이 사역하느라 바빴지만 시간을 쪼개서 도와주었고 친정집에 비비며 엄마의 도움을 받으며 잘 버티고 있습니다. 핑계로 예수동행일기와 예배, 묵상이 잘 이뤄지지 않았네요.

전염성이 있는 병이라 주일에 예배를 못 드리면 어쩌지 했는데 오전 예배를 드릴 수 있을 만큼 유민이 컨디션이 회복되어 다행이었습니다. 예배를 영아부실에서 안 드리고 본당에서 드리는 바람에 제가 집중할 수 있는 시간이 유민이 단속하느라 더 짧았지만 그래도 예배할 수 있음에 감사했습니다. 밤새 시달린 저를 보며 피곤하지 않냐고 격려도 해주시고 유민이 괜찮냐며 걱정해 주는 청년들에게 감사했습니다.

열이 떨어졌지만 구내염이 심해서 어린이집 등원은 못했습니다. 이번 주부터 임산부 요가 신청을 했는데 못 가게 되었습니다. 저도 컨디션 조절을 잘해서 이번 주를 보내야겠습니다.

밤새 유민이 곁을 지키면서 제가 한 것은 유민이를 위해 아주 잠깐 기도하고 축구 관련 기사 영상을 찾아보는 일이었습니다. 책도 읽을 수 있고 성경도 볼 수 있었는데 핸드폰으로 해야 한다는 제약으로 축구 기사 보는 데에만 신경을 쏟았네요. 이건 유민이 갓난이 때와 달라진 게 없습니다.

주님으로 채워지는 시간으로 아이를 돌보고 싶습니다.

둘째 때는 꼭 그렇게 살고 싶습니다.

주님, 하루하루 주님과 생생하게 동행하고 싶습니다.

3) 속상할 때

2018년 9월 8일

아침에 '예수님!' 하고 외치기보다 핸드폰을 먼저 찾았습니다.

그래서 정신 차리고 '예수님!' 하고 이름을 불러봅니다.

유민이와 같이 샌드위치를 만들어서 먹었습니다. 채소가 많이 들어가지 않으니 좀 짭짤했지만 유민이가 연신 방긋 웃으며 "맛있지? 엄마도 맛있어?" 하고 물어보며 먹어주니 행복합니다.

예수전도단 DTS 훈련생에서 제가 나름 기장인데 입덧이고 임산부이고 핑계 대며 잘 챙기지 못했습니다. 오늘 그래도 수원에서 동기 결혼식이 있어 참석했습니다. 남편이 시간을 쪼개서 집에 데려다주고 사역을 갑니다. 차에서 내리는 시간에 유민이와 실랑이가 있었지만 공룡 젤리 딱 사주니 울음을 그칩니다.

집에 돌아와 낮잠을 자고 문화센터 가려고 알람을 맞춰놨는데 유민이가 깨질 않네요. 그 틈을 타서 책을 읽었어야 했는데 인터넷 기사에 한참 빠져있었습니다. '예수님!' 하고 정신을 차리고 이번 주 유민이 때문에 수업을 쉬느라고 마감 때 돌아보지 못한 수업 횟수도 정리하고 묵상도 했습니다.

역대상 17장.

최선을 다해 생각하지만. 최선을 다해 내려놓아야 합니다.

내가 합당한 사람인지 하나님의 계획이 무엇인지 물어보는 것이 필요합니다. 다윗이 하나님의 집 짓기를 구합니다. 하나님의 집에 대해 여태껏 누구도 생각하지 못했던 일이라 기특하지만 평화를 상징해야 하는 곳이기에 하나님께서는 하지 말라고 하십니다.

제가 집에 대한 안정감이 얼마나 큰지요. 하나님은 집에 대해 꼭 있어야 한다고 말씀하신 적 없는데 어제 예배 말씀도 창세기 12장이었는데 집에 관한 것이 제 믿음과도 연관된다고 주님이 말씀으로 건드려 주시는 것 같았습니다.

저녁으로 칼국수 먹었습니다. 아주머니의 한마디가 속상하고 뇌리에서 떠나지 않아 예수님을 불렀지만 남편한테도 털어놓고 주님한테도 투덜이를 합니다. 인심 좋게 장사하는 것도 쉽지 않겠죠. 나름 배려한다고 먹는데 아이가 있으니 꾸지람 받는 것 같아 다음에는 가고 싶지 않은 미운 마음이 듭니다. 이 마음을 주님께 올려드립니다. 주일에도 예배를 기대합니다. 주님 함께 해 주세요!

4) 죄에 넘어졌을 때

2018년 9월 12일

아침에 유민이 덕분에 일어났지만 기운이 나질 않습니다. 어제 오랜만에 구토하고 코피도 많이 흘려 기운이 없었습니다. 설거지며 빨래며 집안일은 밀려있었는데 침대에 누워 핸드폰만 했습니다. 오전 중에 계속 죄 가운데 있었던 것 같습니다.

예수님을 부르지만 형식적이었고 저의 죄성을 이기지 못하는 시간이었습니다. 죄에 지쳐 잠이 들고 일어나서 찬양 들으며 집안일을 힘내서 했습니다. 설거지하며 전심으로 회개하고 돌이켰습니다.

상황과 환경에 핑계 대고 싶지 않습니다. 죄에 넘어지는 나약하고 어리석은 존재이지만 저는 성숙한 사람으로 나아가길 원합니다. 주님이 쓰시기 좋은 도구, 깨지지 않아 보배를 담을 수 있는 질그릇이길 원합니다.

남편과 나누고 수업하고 옵니다. 오늘 마무리할 생각이 없었는데 오늘이 마지막 수업이 된 남매 수업에 마음이 울컥했습니다. 예쁜 아이들이었는데. 내일은 국장님 만납니다. 저의 상황을 잘 설명하게 하시고 지혜롭고 평안한 시간으로 이끌어주세요. 복음의 능력을 살아내는 사람으로 매일 승리하기 원합니다. 예수님!

5) 예수동행일기세미나

2018년 10월 16일

새벽 2시가 넘은 시간입니다. 주님, 노래 부르시는 분 때문에 화장실 가려고 일어났다가 잠 못 드는 밤입니다. 귀마개를 챙겨야겠네요. 오늘 강의가 걱정되지만 절로 주님이 나오고 한숨이 나오지만 저도 잘 때 남편이 코 곤다고 했으니 마음으로 힘들이지 않고 정죄하지 않길 바랍니다. 뱃속에 있는 하민이와 얘기하다가 잠들기 원합니다. 주님.

새벽 5시 40분에 옆 분 알람을 듣고 일어났습니다. 저는 6시 10분에 맞춰놨는데 눈 뜬 김에 샤워하러 일어납니다. 머리가 뜨지 않았으면 했는데 여기저기 뻗쳐있습니다. 신경 쓰이지 않게 해주세요. 예수님.

기도하다. 묵상합니다.

시편 103:1-12

내 영혼아 여호와를 송축하라. 내 속에 있는 것들아 주 여호와를 송축하라. 내 안에 정직한 영을 새롭게 하시고 우슬초를 저를 씻어주세요. 회개하는 마음으로 시편 51편 필사 적용합니다.

아침 혼자 먹기 싫다고 같이 먹을 사람 보내달라고 구하고 있는데 같은 조 사모님이 딱 오셔서 옆 테이블에 앉으십니다. 자리 맡는 것 도와드리고 같이 식사합니다. 얘기하는 가운데 예수님을 바라보지 못했네요.

아침 강의부터 찬양하는데, 내 영이 주를 찬양합니다. 내 영혼아 주를 송축하라. 계속 이어지는 찬양에 묵상이 적용되고 말씀이 입술을 통해 고백합니다. 감사합니다. 주님.

주님, 제자훈련받고 싶습니다. 받기 힘들면 혼자서라도 적용하고 싶습니다. 의지를 드려볼까요. 주님. 어떻게 할까요?

솔직하게 나누는 사모님들에게 감사하고 교회를 개척하고 성도들을 훈련해가는 사모님들의 모습이 대단해 보입니다. 점심 식사도 조원들과 함께 했는데 개척교회 섬기시는 것 열심히 듣다가 또 예수님을 잊었습니다. 저녁엔 예수님과 함께하길 도전합니다!

학자금 대출 연락도 오고 국장님 돈 걱정에 카드값까지. 재정에 염려를 주님께 온전히 맡깁니다. 새로운 나눔방이 생기는 것이 기대됩니다. 예수동행일기의 퇴로를 차단하고 나누는 기쁨이 더 커지길 원합니다.

저녁은 예수님과 '함께' 먹었습니다. 잠을 깨려고 과자를 먹은 탓에 많이 남기긴 했지만 예수님을 빈자리에 모시고 방실방실 웃으며 예수님과 함께 밥을 먹었습니다. 성공입니다!

저녁 강의는 미리 잠을 자고 왔는데도 많이 졸기도 하고 배도 뭉치고 다리도 붓고 주님께 붙들려 끝까지 잘 듣긴 했으나 마지막 일어나서 합심 기도할 때 다리에 한계를 느낍니다. 함께 그 자리에서 기도하고 싶은데 주님께 묻고 숙소에서 정비하고 기도하기로 결정하고 예배당을 나왔습니다.

오늘은 예수동행일기를 실습하면서 틈틈이 써보았습니다. 꽤 긴 글이네요 예수님. 쓰면서 예수님 바라보고 오늘 일정을 잊지 않으려고 묵상 말씀을 놓치지 않으려고 노력했습니다. 늘 함께하시는 예수님 오늘 밤에도 주를 바라보며 내일을 기대하며 잠들고 싶습니다. 귀마개 챙겨왔습니다. 꿀잠도 기대합니다. 주님 사랑합니다. ♡

저는 아내의 예수동행일기를 읽어보며 많이 울었습니다. 나름 가정을 열심히 섬긴다고 했지만 때론 사역에 지쳐 아내가 육아하고, 일하고, 사모로 감당하면서 어려웠던 고충을 충분히 공감해 주지 못했던 것 같습니다. 그래도 어려움 속에서 예수님을 꼭 붙잡고 지금까지 온 것에 감사했습니다. 여러분도 예수님과 친밀하게 동행하는 도구인 '예수동행일기'를 도전해 보십시오.

2. 예수동행일기 10일 도전하기

예수동행일기의 실천편이라고 해야 할까요?

책을 읽는 것도 대단하지만 읽기만 하고 책을 덮으면 아무런 변화가 일어나지 않습니다. 그래서 예수님과 동행하는 일기를 10일 동안만이라도 직접 해보기를 권면 드립니다. 다니엘이 10일 동안 채식과 물만 마셔도 얼굴의 광채가 나는 믿음의 실험을 했듯이(단 1:12) 10일이라는 시간이 충분하지 않지만 10일 동안이라도 예수님과 동행하는 일기를 기록해 보는 것은 어떨까요? 분명 삶의 큰 변화가 일어날 것입니다. 그리고 내가 얼마나 예수님을 생각하지 않았는지 깜짝 놀라게 될 것입니다. 10일 동안 예수동행일기를 쓰셨다면, 그 후에는 예수동행일기 어플을 다운받아 주님과 매일 동행하는 '운동'을 해보시기를 권면 드립니다.

|첫 번째 일기부터 네 번째 일기까지는 예수동행일기 앱의 질문들을 참고한 가이드 질문입니다. 나머지는 자유롭게 기록해 보시면 됩니다.

년   월   일

제목 :

1, 하루 동안 '예수님!'하고 이름을 불러 본 적이 있나요?

2. 예수님께 '어떻게 할까요?' 물어본 적이 있나요?

3. 하루 중 언제 예수님을 생각하셨나요?

4. 감사 제목을 3가지 이상 써보세요.

첫 번째 일기

년   월   일

제목 :

1. 아침에 일어나서 예수님을 생각하셨나요?

2. 식사를 할 때 예수님을 생각하셨나요?

3. 일을 하면서 예수님을 생각하셨나요?

4. 오늘 주님께서 나에게 어떤 말씀을 주셨나요?

5. 오늘 하루 예수님의 이름을 불러 보셨나요?

두 번째 일기

년   월   일

제목 :

1. 일어날 때 예수님 생각을 하셨나요?

2. 식사할 때 예수님 생각을 하셨나요?

3. 성경을 묵상할 때 나에게 주신 말씀은 무엇인가요?

4. 기도 시간에 생각났던 것이 있나요?

5. 일상에서(일, 사람과 만남, 혼자 있을 때) 예수님을 생각하려고 노력한 적은 언제인가요?

6. 노력하지 않았는데도 예수님이 저절로 생각난 적은 언제인가요?

7. 예수님을 생각하지 않을 때는 무슨 마음이 들었나요?

세 번째 일기

년   월   일

제목 :

 1. 일어날 때 예수님 생각을 하셨나요?

 2. 식사할 때 예수님 생각을 하셨나요?

 3. 성경을 묵상할 때 나에게 주신 말씀은 무엇인가요?

 4. 기도 시간에 생각났던 것이 있나요?

 5. 일상에서(일, 사람과 만남, 혼자 있을 때) 예수님을 생각하려고 노력한 적은 언제인가요?

 6. 노력하지 않았는데도 예수님이 저절로 생각난 적은 언제인가요?

 7. 예수님을 생각하지 않을 때는 무슨 마음이 들었나요?

네 번째 일기

년   월   일

제목 :

1. 일어날 때 예수님 생각을 하셨나요?

2. 식사할 때 예수님 생각을 하셨나요?

3. 성경을 묵상할 때 나에게 주신 말씀은 무엇인가요?

4. 기도 시간에 생각났던 것이 있나요?

5. 일상에서(일, 사람과 만남, 혼자 있을 때) 예수님을 생각하려고 노력한 적은 언제인가요?

6. 노력하지 않았는데도 예수님이 저절로 생각난 적은 언제인가요?

7. 예수님을 생각하지 않을 때는 무슨 마음이 들었나요?

다섯 번째 일기

년   월   일

제목 :

1. 일어날 때 예수님 생각을 하셨나요?

2. 식사할 때 예수님 생각을 하셨나요?

3. 성경을 묵상할 때 나에게 주신 말씀은 무엇인가요?

4. 기도 시간에 생각났던 것이 있나요?

5. 일상에서(일, 사람과 만남, 혼자 있을 때) 예수님을 생각하려고 노력한 적은 언제인가요?

6. 노력하지 않았는데도 예수님이 저절로 생각난 적은 언제인가요?

7. 예수님을 생각하지 않을 때는 무슨 마음이 들었나요?

여섯 번째 일기

년   월   일

제목 :

1. 일어날 때 예수님 생각을 하셨나요?

2. 식사할 때 예수님 생각을 하셨나요?

3. 성경을 묵상할 때 나에게 주신 말씀은 무엇인가요?

4. 기도 시간에 생각났던 것이 있나요?

5. 일상에서(일, 사람과 만남, 혼자 있을 때) 예수님을 생각하려고 노력한 적은 언제인가요?

6. 노력하지 않았는데도 예수님이 저절로 생각난 적은 언제인가요?

7. 예수님을 생각하지 않을 때는 무슨 마음이 들었나요?

일곱 번째 일기

년   월   일

제목 :

1. 일어날 때 예수님 생각을 하셨나요?

2. 식사할 때 예수님 생각을 하셨나요?

3. 성경을 묵상할 때 나에게 주신 말씀은 무엇인가요?

4. 기도 시간에 생각났던 것이 있나요?

5. 일상에서(일, 사람과 만남, 혼자 있을 때) 예수님을 생각하려고 노력한 적은 언제인가요?

6. 노력하지 않았는데도 예수님이 저절로 생각난 적은 언제인가요?

7. 예수님을 생각하지 않을 때는 무슨 마음이 들었나요?

여덟 번째 일기

년   월   일

제목 :

1. 일어날 때 예수님 생각을 하셨나요?

2. 식사할 때 예수님 생각을 하셨나요?

3. 성경을 묵상할 때 나에게 주신 말씀은 무엇인가요?

4. 기도 시간에 생각났던 것이 있나요?

5. 일상에서(일, 사람과 만남, 혼자 있을 때) 예수님을 생각하려고 노력한 적은 언제인가요?

6. 노력하지 않았는데도 예수님이 저절로 생각난 적은 언제인가요?

7. 예수님을 생각하지 않을 때는 무슨 마음이 들었나요?

아홉 번째 일기

년 월 일

제목 :

1. 일어날 때 예수님 생각을 하셨나요?

2. 식사할 때 예수님 생각을 하셨나요?

3. 성경을 묵상할 때 나에게 주신 말씀은 무엇인가요?

4. 기도 시간에 생각났던 것이 있나요?

5. 일상에서(일, 사람과 만남, 혼자 있을 때) 예수님을 생각하려고 노력한 적은 언제인가요?

6. 노력하지 않았는데도 예수님이 저절로 생각난 적은 언제인가요?

7. 예수님을 생각하지 않을 때는 무슨 마음이 들었나요?

열 번째 일기

3. 예수님과 동행을 돕는 성경 구절

1) 죄로부터 승리를 원할 때 암송하면 좋은 말씀

(1) 그 안에 거하는 자마다 범죄하지 아니하나니 범죄하는 자마다 그를 보지도 못하였고 그를 알지도 못하였느니라 (요한일서 3:6)

예수님과 함께 사는 사람은 죄를 짓지 않습니다. 범죄 한다면 하나님께서 함께하심을 지식으로는 알지만 실제로는 믿는 것이 아닙니다.

(2) 하나님께로부터 난 자마다 죄를 짓지 아니하나니 이는 하나님의 씨가 그의 속에 거함이요 그도 범죄하지 못하는 것은 하나님께로부터 났음이라 (요한일서 3:9)

하나님의 씨 곧 성령이 우리 마음 안에 계십니다. 죄에 집중하는 것이 아니라, 내 안에 계신 주님께 시선을 고정할 때 습관적인 죄로부터 승리할 수 있습니다.

(3) 하나님께로부터 난 자는 다 범죄하지 아니하는 줄을 우리가 아노라 하나님께로부터 나신 자가 그를 지키시매 악한 자가 그를 만지지도 못하느니라
(요한일서 5:18)

여기서 '하나님께로부터 난 자'는 예수님을 믿는 '성도'를 의미합니다. 성도는 반복적인 죄로부터 벗어날 수 있다고 사도 요한은 말씀합니다. 그 이유는 '하나님께로부터 나신 자' 곧 예수 그리스도께서 성도를 지키시기 때문입니다. 그러므로 성도는 항상 승리하게 하시는 그리스도를 바라보아야 합니다.

2) 일상에서 예수님과 동행을 누리기를 원할 때 힘이 되는 말씀

(1) 볼지어다 내가 문 밖에 서서 두드리노니 누구든지 내 음성을 듣고 문을 열면 내가 그에게로 들어가 그와 더불어 먹고 그는 나와 더불어 먹으리라 (요한계시록 3:20)

이 말씀은 예수님을 안 믿는 사람이 아니라, 예수님을 이미 믿고 있는 라오디게아 교회를 향한 메시지입니다. 예수님께서 세리와 창녀, 죄인들과 함께 식사하셨던 것처럼 죄인 된 우리와 친밀한 교제를 하신다는 말씀입니다. 성도는 성만찬을 통해 그리스도와의 친밀한 연합을 누리는 것뿐만 아니라 일상에서도 주님과 친밀한 동행을 누리며 살 수 있습니다.

(2) 그러므로 함께 하늘의 부르심을 받은 거룩한 형제들아 우리가 믿는 도리의 사도이시며 대제사장이신 예수를 깊이 생각하라 (히브리서 3:1)

우리는 주님이 함께하시는 것을 잊고 삽니다. 아침에 일어날 때, 밥을 먹을 때, 이동할 때, 일할 때, 사람을 만날 때, 혼자 있을 때 주님을 생각하지 않습니다. 사탄은 우리에게 세상이라는 수건으로 눈을 가리며 "일 열심히 해! 돈 많이 벌어! 단, 예수님만 생각하지 마!"라고 말합니다. 그래서 성도들이 무기력과 영적인 침체에 빠집니다. 우리는 예수를 깊이 생각해야 합니다. 예수님을 바라본다는 것은 곧 예수님을 생각하는 것입니다.

(3) 스데반이 성령 충만하여 하늘을 우러러 주목하여 하나님의 영광과 및 예수께서 하나님 우편에 서신 것을 보고 말하되 보라 하늘이 열리고 인자가 하나님 우편에 서신 것을 보노라 한 대 (사도행전 7:55-56)

스데반은 성령 충만한 사람이었습니다. 성도는 일상에서 '말씀과 기도'를 통해 영적인 눈이 날마다 열리고 주 예수님을 바라보는 삶을 살아야 합니다. 일상에서의 영성의 열쇠는 '지속성'에 있습니다.

3) 죄에 넘어졌을 때 회복을 위한 말씀

(1) 믿음의 주요 또 온전하게 하시는 이인 예수를 바라보자 그는 그 앞에 있는 기쁨을 위하여 십자가를 참으사 부끄러움을 개의치 아니하시더니 하나님 보좌 우편에 앉으셨느니라" (히브리서 12:2)

믿음의 시작점이 있고 믿음이 온전하게 되는 시점이 있습니다. 믿음의 선진들은 마지막에 가까울수록 신앙의 절정을 보여주었습니다. 베드로도 한때는 예수님을 부인하고 죄에 넘어지는 순간이 있었지만 멈추지 않았습니다. 우리도 '다시' 예수님을 바라봐야 합니다. 예수님을 바라볼 때 우리의 믿음은 장성한 분량까지 자랄 것입니다. 죄에 넘어졌을 때 다시 예수님을 바라보십시오!

(2) 우리가 이 보배를 질그릇에 가졌으니 이는 심히 큰 능력은 하나님께 있고 우리에게 있지 아니함을 알게 하려 함이라 (고린도후서 4:7)

책을 내고 사람들이 제게 "이제는 죄에 넘어지면 안 되겠네요."라고 말하는 분들이 있습니다. 그러나 저는 또 넘어질 수 있습니다. 왜냐하면 저는 '질그릇'이기 때문입니다. 다윗도 주님을 주목하지 않는 순간 죄에 넘어졌습니다. 제게는 죄로부터 승리할 수 있는 아무 능력이 없습니다. 그러나 제 안에 계신 보배 곧 하나님께는 죄를 이기고도 넘칠만한 심히 큰 능력이 있음을 고백합니다. 우리는 죄에 넘어졌을 때 질그릇을 바라보고 절망하는 것이 아니라, 다시 믿음의 눈을 들어 보배이신 그리스도를 바라보아야 합니다.

(3) 믿음으로 말미암아 그리스도께서 너희 마음에 계시게 하시옵고 너희가 사랑 가운데서 뿌리가 박히고 터가 굳어져서 (에베소서 3:17)

우리가 다시 죄에 넘어지는 이유는 단 하나입니다. 주님이 우리와 함께하심이 믿음이 아니라 다시 지식에 머물렀기 때문입니다. 사도 바울은 이미 그리스도가 모든 성도 안에 계신다고 말씀합니다(갈

2:20). 그러므로 사도 바울이 "믿음으로 말미암아 그리스도께서 너희 마음에 계시게 하시옵고"라고 기도한 것처럼 주님이 우리와 함께하심이 지식에서 믿음으로 내려오기를 기도해야 합니다. 우리는 예수님이 나와 함께하심이 지식에서 날마다 지식에서 믿음으로 내려오도록 기도해야 합니다. 주님이 함께하심이 분명하게 믿어질 때 우리는 다시 승리하는 삶을 살 수 있습니다.

4) 예수님과 동행하기를 원할 때 기억해야 할 말씀과 기도

(1) 그들과 함께 음식 잡수실 때에 떡을 가지사 축사하시고 떼어 그들에게 주시니 그들의 눈이 밝아져 그인 줄 알아 보더니 예수는 그들에게 보이지 아니하시는지라 그들이 서로 말하되 길에서 우리에게 말씀하시고 우리에게 성경을 풀어 주실 때에 우리 속에서 마음이 뜨겁지 아니하더냐 하고 (누가복음 24:30-32)

부활하신 예수님께서 엠마오로 가는 두 제자와 동행하시나 그들의 눈이 가리어져서 주님을 알아보지 못합니다(눅 24:15-16). 영적인 맹인의 상태가 곧 우리의 모습입니다. 예수님께서 그들의 눈을 열어 주시는 것은 '말씀'과 '기도'입니다. 말씀과 기도를 통해 예수님께서 '이미' 우리와 동행해 주시는 것을 바라볼 수 있습니다.

(2) 기도하여 이르되 여호와여 원하건대 그의 눈을 열어서 보게 하옵소서

하니 여호와께서 그 청년의 눈을 여시매 그가 보니 불말과 불병거가 산에 가득하여 엘리사를 둘렀더라 (열왕기하 6:17)

하나님은 기도를 통해 청년의 눈을 열어주셨습니다. 기도하지 않으면 볼 수 없습니다. 성도는 어떻게 해야 기도의 불을 꺼뜨리지 않을 수 있을까, 늘 고민하며 기도의 불씨를 꺼뜨리지 말아야 합니다.

(3) 하나님의 말씀과 기도로 거룩하여짐이라 (디모데전서 4:5)

성도는 그냥 기도하는 것이 아니라, 말씀을 묵상하고 묵상한 말씀을 붙들고 기도할 때 가장 강력한 기도를 하게 됩니다. 세상이라는 '수건'이 우리의 영적인 눈을 날마다 가리지만, 날마다 말씀과 기도로 나아갈 때 영적인 눈이 열립니다(고후 3:16). 그리고 주님을 생생하게 바라볼 때 우리는 주님의 거룩함을 '반드시' 닮아갈 수 있습니다.

1판 1쇄 인쇄　　2022년 9월 5일
개정판 1쇄 발행　2022년 10월 20일

지은이　장산하

펴낸이　송희진
편집팀장　우지연　　마케팅팀장　스티브jh　　디자인팀장　김선희
펴낸곳　한사람　　출판등록 2020년 2월 1일 제894-96-01106호
주　　소　경기도 남양주시 다산지금로 202
홈페이지　https://hansarambook.modoo.at
블로그　https://blog.naver.com/pleasure20
ISBN　　979-11-92451-10-7 (03230)